Erich Fromm

Sigmund Freuds Psychoanalyse –

Größe und Grenzen

Die von Rainer Funk herausgegebene Reihe »Erich Fromm psychosozial« möchte mit Beiträgen von Erich Fromm bekannt machen, die nicht so sehr im Fokus der Aufmerksamkeit stehen wie Fromms Bestseller *Die Kunst des Liebens* oder *Haben oder Sein.* Sie macht Schriften von Fromm in gedruckter Form zugänglich, die das breite Spektrum seines sozialpsychologischen Denkens dokumentieren und die Aktualität seiner humanistischen Ideen verdeutlichen.

Dr. Rainer Funk war von 1974 bis 1980 Fromms wissenschaftlicher Mitarbeiter und ist sein Nachlass- und Rechteverwalter. Er leitet in Tübingen das Erich-Fromm-Institut.

ERICH FROMM PSYCHOSOZIAL

Herausgegeben von Rainer Funk

Erich Fromm

Sigmund Freuds Psychoanalyse – Größe und Grenzen

Aus dem Amerikanischen
von Liselotte und Ernst Mickel

Psychosozial-Verlag

Erstveröffentlichung 1979 unter dem Titel *Sigmund Freuds Psychoanalyse – Größe und Grenzen* bei der Deutschen Verlags-Anstalt in Stuttgart. Die Übersetzung aus dem Amerikanischen besorgten Liselotte und Ernst Mickel. Der amerikanische Originaltitel lautet *Greatness and Limitations of Freud's Thought*. Er ist erst 1980, ein Jahr nach der Publikation der deutschen Übersetzung, bei Harper & Row in New York erschienen. 2006 erschien die deutsche Übersetzung erstmals beim Psychosozial-Verlag in der Reihe »Bibliothek der Psychoanalyse«.

Bibliografische Information der Deutschen Nationalbibliothek

Die Deutsche Nationalbibliothek verzeichnet diese Publikation in der Deutschen Nationalbibliografie; detaillierte bibliografische Daten sind im Internet über http://dnb.d–nb.de abrufbar.

E-Mail: info@psychosozial-verlag.de
www.psychosozial-verlag.de

Gestaltung, Satz: Johannes Zachhuber, Neuhofen/Ybbs

ISBN 978-3-8379-3004-7

INHALT

Einleitung

Um die außerordentliche Bedeutung der psychoanalytischen Entdeckungen Sigmund Freuds voll zu würdigen, muss man das Prinzip verstehen, auf das sie sich gründen. Man kann dieses Prinzip nicht adäquater ausdrücken als mit dem Satz des Evangeliums: »Und die Wahrheit wird euch frei machen« (Jo 8,32). Der Gedanke, dass die Wahrheit errettet und heilt, ist in der Tat eine alte Einsicht, welche die großen Meister des Lebens verkündet haben. Niemand hat das vielleicht mit einem solchen Radikalismus und einer solchen Klarheit getan wie Buddha, aber es ist ein Gedanke, den auch Judentum und Christentum, Sokrates, Spinoza, Hegel und Marx teilen.

Für das buddhistische Denken ist die Unwissenheit zusammen mit Hass und Gier eines der Übel, von denen sich der Mensch freimachen muss, wenn er nicht im Zustand des Begehrens verbleiben will, das unausweichlich Leiden verursacht. Der Buddhismus bekämpft nicht die Freude, ja nicht einmal das Vergnügen in der Welt, vorausgesetzt, dass sie nicht in der Gier ihren Ursprung haben. Der gierige Mensch kann kein freier und daher auch kein glücklicher Mensch sein. Er ist der Sklave von Dingen, die ihn beherrschen. Dieser Prozess des Erwachens aus Illusionen ist die Vorbedingung für die Freiheit und die Befreiung vom Leiden, das die Gier unausweichlich hervorruft. Die Des-Illusionierung, die Ent-Täuschung ist die Voraussetzung für ein Leben, das der vollen Entwicklung des Menschen oder – um mit Spinoza zu reden – dem Modell der menschlichen Natur am nächsten kommt. Weniger zentral und radikal, weil mit der Idee eines Gott-Idols behaftet, ist der Begriff der Wahrheit und das Bedürfnis nach der Befreiung von Illusionen in der christlichen und jüdischen Tradition. Aber als diese Religionen einen Kompromiss mit der Macht eingingen, konnten sie nicht umhin, die Wahrheit zu verraten. In den revolutionären Sekten konnte die Wahrheit dann wieder einen hervorragenden Platz einnehmen, weil deren ganze Energie sich darauf richtete, die Widersprüche zwischen dem christlichen Denken und der christlichen Praxis aufzudecken.

Spinozas Lehren sind in vielem den Lehren Buddhas ähnlich. Der Mensch, der sich von irrationalen Trieben (passiven Affekten) hinreißen lässt, ist notwendigerweise jemand, der sich von sich selbst und der Welt falsche Vorstellungen macht, der also mit Illusionen lebt. Menschen, die sich von ihrer Vernunft leiten lassen, haben aufgehört, sich von ihren Sinnen verführen zu lassen. Sie handeln entsprechend den beiden »aktiven Affekten«, nämlich Vernunft und Mut. Marx steht in der Tradition jener, für die die Wahrheit die Voraussetzung für Erlösung ist. Sein Werk diente nicht primär dazu, das Bild einer guten Gesellschaft zu entwerfen, es war eine rückhaltlose Kritik an den Illusionen, die den Menschen daran hindern, die gute Gesellschaft aufzubauen. Er sagt: »Die Forderung, die Illusionen über seinen Zustand aufzugeben, ist die *Forderung einen Zustand aufzugeben, der der Illusionen bedarf.*« (K. Marx, 1971, S. 208.)

Freud hätte das ebenso formulieren können, und dieser Satz ist ein passendes Motto für eine Therapie, die sich auf die psychoanalytische Theorie gründet. Freud hat den Begriff der Wahrheit allerdings ungemein erweitert. Für ihn ist Wahrheit nicht mehr das, was ich bewusst glaube oder denke, sondern das, was ich verdränge, weil ich es nicht denken möchte.

Die Größe von Freuds Entdeckung liegt darin, dass er eine Methode aufgezeigt hat, wie man zur Wahrheit jenseits dessen gelangt, was der Einzelne für die Wahrheit hält. Er war dazu in der Lage, weil er die Auswirkungen der Verdrängung und dementsprechend die Rationalisierungen entdeckte. Er hat empirisch nachgewiesen, dass der Weg zur Heilung eines Menschen in dessen wahrer Einsicht in seine seelische Struktur liegt und dass dadurch die Verdrängung aufgehoben werden kann. Diese Anwendung des Prinzips, dass die Wahrheit befreit und heilt, ist die große und vielleicht sogar die größte Leistung Freuds – wenn auch dieses Prinzip bei seiner praktischen Anwendung oft entstellt wurde und oft neue Illusionen erzeugt hat.

In diesem Buch will ich die meiner Meinung nach wichtigsten Entdeckungen Freuds im einzelnen aufweisen. Gleichzeitig werde ich zeigen, wo und in welcher Weise das für Freud charakteristische bürgerliche Denken seine Entdeckungen eingeschränkt und manchmal wieder verdeckt hat. Da meine Auseinandersetzung mit dem Freudschen Denken ihre eigene Kontinuität hat, liegt es nahe, dass ich in den folgenden Kapiteln auch auf frühere Äußerungen zurückgreife.

1. Die Begrenztheit wissenschaftlicher Erkenntnis

a) Warum jede neue Theorie fehlerhaft sein muss

Der Versuch, Freuds theoretisches System wie auch das eines jeden anderen kreativen systematischen Denkers zu verstehen, kann nur zum Erfolg führen, wenn wir erkennen, dass und weshalb jedes System, so wie es von seinem Urheber entwickelt und dargeboten wird, *notwendigerweise* auch Irrtümer enthält. Dies beruht nicht auf einem Mangel an Genialität, Kreativität oder Selbstkritik von Seiten des Autors, sondern auf einem grundsätzlichen und unvermeidlichen Widerspruch: Einerseits hat der Autor etwas Neues zu sagen, etwas, das noch nie zuvor gedacht oder gesagt wurde. Aber wenn man von etwas »Neuem« spricht, dann ordnet man es nur in eine deskriptive Kategorie ein, die dem, was an dem schöpferischen Gedanken wesentlich ist, nicht gerecht wird. Kreatives Denken ist immer auch *kritisches* Denken, weil es mit gewissen Illusionen aufräumt und dem Gewahrwerden der Realität näherkommt. Es erweitert den Bereich menschlichen Bewusstseins und stärkt die Kraft menschlicher Vernunft. Immer hat kritisches und deshalb kreatives Denken eben dadurch, dass es das illusorische Denken negiert, eine befreiende Funktion.

Andererseits muss der Denker seinen neuen Gedanken im Geist seiner Zeit *ausdrücken*. Verschiedene Gesellschaften haben verschiedene Arten von »gesundem Menschenverstand«, verschiedene Denkkategorien und verschiedene Systeme der Logik: Jede Gesellschaft besitzt ihren eigenen »gesellschaftlichen Filter«, der nur für bestimmte Ideen, Begriffe und Erfahrungen durchlässig ist. Die Ideen, Begriffe und Erfahrungen, die nicht unbedingt unbewusst bleiben müssen, können bewusst werden, wenn sich durch grundsätzliche Veränderungen in der Gesellschaftsstruktur die Eigenart des »gesellschaftlichen Filters« ändert. Gedanken, die durch den gesellschaftlichen Filter einer bestimmten Gesellschaft zu einem bestimmten Zeitpunkt nicht hindurch können, sind »undenkbar« und daher natürlich auch »unsagbar«. Dem Durchschnittsmenschen erscheinen die Gedankenmodelle seiner Gesellschaft schlechthin logisch. Die Gedankenmodelle völlig anderer Gesellschaften betrachtet er als unlogisch oder als schlechthin unsinnig. Aber nicht nur die Logik wird durch den »gesellschaftlichen Filter« und letzten Endes durch die Lebenspraxis der jeweiligen Gesellschaft bestimmt, sondern auch gewisse Denkinhalte. Man denke zum Beispiel an die herkömmliche Auffassung, dass die Ausbeutung unter Menschen eine »normale«, natürliche und unvermeidliche Erscheinung sei. Für ein Mitglied der neolithischen Gesellschaft dagegen, in der alle Männer und Frauen individuell oder in Gruppen von ihrer Hände Arbeit lebten, wäre eine solche Vorstellung undenkbar gewesen. Angesichts ihrer gesamten gesellschaftlichen Organisation wäre die Ausbeutung des Menschen durch andere Menschen eine »verrückte« Idee gewesen, weil noch nicht so viel Überschuss vorhanden war, dass es einen Sinn gehabt hätte, andere für sich arbeiten zu lassen. (Hätte jemand einen anderen gezwungen, für sich zu arbeiten, so hätte das nicht bedeutet, dass hierdurch mehr Güter erzeugt worden wären, es hätte nur bedeutet, dass der »Arbeitgeber« hierdurch zur Untätigkeit und Langeweile verurteilt gewesen wäre.) Ein weiteres Beispiel sind die vielen Gesellschaften, die kein Privateigentum im modernen Sinn, sondern nur »funktionales Eigentum« wie Werkzeuge kannten, die zwar einem Einzelnen gehörten, solange er sie benutzte, die dieser aber bereitwillig mit anderen teilte, falls diese sie benötigten.

Was undenkbar ist, ist auch unsagbar, da die Sprache keine Worte dafür besitzt. Viele Sprachen haben tatsächlich kein Wort für »haben«, sondern müssen die Vorstellung des Besitzes mit anderen Worten ausdrücken, zum Beispiel mit der Konstruktion »es ist mir«, die den funktionalen, aber nicht den privaten Besitz bezeichnet (»privat« im Sinn des lateinischen *privare,* was so viel bedeutet wie »jemandem etwas vorenthalten«: nämlich den Besitz einer Sache, deren Benutzung jedem mit Ausnahme des Eigentümers vorenthalten wird). Sehr viele Sprachen hatten zunächst kein Wort für »haben«, im Verlauf ihrer Entwicklung jedoch, vermutlich mit dem Aufkommen des Privateigentums, entwickelten sie es. (Vgl. É. Benveniste, 1966.) Ein weiteres Beispiel: Im zehnten oder elften Jahrhundert war in Europa die Vorstellung einer Welt ohne Bezugnahme auf Gott undenkbar, weshalb es auch ein Wort wie »Atheismus« nicht geben konnte. Die Sprache selbst ist das Ergebnis der gesellschaftlichen Verdrängung gewisser Erfahrungen, die nicht in die Struktur der betreffenden Gesellschaft hineinpassen, und die Sprachen unterscheiden sich insofern, als verschiedenartige Erfahrungen verdrängt werden und daher nicht ausdrückbar sind. (Auf ein ganz anderes Problem möchte ich hier nicht eingehen, nämlich auf die Möglichkeit, subtile und komplexe Gefühlserfahrungen in Worte zu fassen, was nur in der Kunst möglich ist.)

Hieraus folgt, dass der kreative Denker im Sinne der Logik, der Gedankenmodelle und der ausdrückbaren Vorstellungen seiner Kultur denken muss. Das bedeutet, dass er noch nicht über die geeigneten Worte verfügt, um die kreative, die neue, die befreiende Idee auszudrücken. Er sieht sich gezwungen, ein unlösbares Problem zu lösen: den neuen Gedanken in Begriffe und Worte zu fassen, die in seiner Sprache noch nicht existieren. (Es kann sehr wohl sein, dass sie zu einem späteren Zeitpunkt existieren, nachdem man seine kreativen Gedanken allgemein akzeptiert hat.) Die Folge ist, dass der neue Gedanke, so wie er von ihm formuliert wird, eine Mischung aus etwas wirklich Neuem und dem konventionellen Denken ist, über das er hinausreicht. Dem Denker freilich ist dies nicht bewusst. Die konventionellen Gedanken seiner Kultur sind für ihn unbezweifelbar wahr, weshalb er selbst kaum den Unterschied merkt zwischen dem, was an seinem Denken kreativ und was rein konventionelles Gedankengut ist. Erst im historischen Prozess, wenn sich gesellschaftliche Veränderungen in den Veränderungen der Denkmodelle spiegeln, wird offenbar, was am Denken eines kreativen Denkers wirklich neu war und bis zu welchem Grad sein System lediglich ein Spiegelbild des herkömmlichen Denkens ist. Seinen Nachfolgern, die in einem anderen denkerischen Bezugsrahmen leben, bleibt es dann überlassen, den »Meister« zu interpretieren, indem sie seine »originären« Ideen von seinen konventionellen unterscheiden. Sie können die Widersprüche zwischen dem Neuen und dem Alten analysieren und müssen nicht mit allen möglichen Ausflüchten versuchen, die seinem System immanenten Widersprüche miteinander in Einklang zu bringen.

Die historische Rezeption eines Autors, bei der die wesentlichen und neuen von den nebensächlichen und zeitbedingten Elementen unterschieden werden, ist selbst das Produkt einer bestimmten historischen Periode, die ihrerseits die Interpretation beeinflusst. Bei dieser kreativen Interpretation mischen sich wiederum kreative und gültige Elemente mit zeitgebundenen und nur zufälligen. Eine solche kritische Rezeption ist nicht schlechthin richtig, wie auch die ursprüngliche Auffassung nicht schlechthin falsch war. Einige Elemente der Revision behalten ihre Gültigkeit, nämlich da, wo sie die Theorie von den Fesseln eines früheren konventionellen Denkens befreien. Im Prozess der kritischen Durchsicht früherer Theorien gelangen wir zu einer Annäherung an die Wahrheit, aber wir dringen nicht bis zur Wahrheit vor und können sie auch nicht finden, solange gesellschaftliche Widersprüche und Zwänge ideologische Verfälschungen unumgänglich machen und solange die Vernunft des Menschen durch irrationale Leidenschaften beeinträchtigt wird, die ihre Wurzeln in der Disharmonie und Irrationalität unseres gesellschaftlichen Lebens haben. Nur in einer Gesellschaft, in der es keine Ausbeutung gibt und die daher nicht auf irrationale Annahmen zurückgreifen muss, um die Ausbeutung zu vertuschen oder zu rechtfertigen, nur in einer Gesellschaft, in der die grundlegenden Widersprüche gelöst sind und in der die gesellschaftliche Wirklichkeit unverzerrt erkannt werden kann, kann der Mensch vollen Gebrauch von seiner Vernunft machen, und erst dann kann er die Wirklichkeit unentstellt erkennen, das heißt, erst dann kann er die Wahrheit sagen. Anders ausgedrückt: Die Wahrheit ist geschichtlich, sie hängt davon ab, bis zu welchem

Grad in einer Gesellschaft Vernunft herrscht und Widersprüche nicht vorhanden sind.

Der Mensch kann die Wahrheit nur erfassen, wenn er sein gesellschaftliches Leben auf eine humane, würdige und vernünftige Weise ordnen kann, ohne Angst und daher ohne Gier. Politisch-religiös gesprochen heißt das: Nur in der Messianischen Zeit kann die Wahrheit erkannt werden, insoweit sie überhaupt erkennbar ist.

b) Die Wurzeln der Freudschen Fehler

Wenn man das Gesagte auf Freuds Denken anwendet, so muss man – um Freud zu verstehen – versuchen herauszufinden, welche seiner Entdeckungen wirklich neu und kreativ waren, bis zu welchem Grad er sie auf eine entstellte Weise ausdrücken musste und wie seine Entdeckungen dadurch, dass sie von diesen Fesseln befreit wurden, nur umso fruchtbarer werden.

Gilt dies ganz allgemein in Bezug auf Freuds Denken, so erhebt sich nun die Frage, was für Freud in der Tat »undenkbar« und daher eine Art »Straßensperre« war, die er nicht überwinden konnte. Ich kann hier nur zwei Bereiche sehen:

(1) Der erste betrifft die Theorie des bürgerlichen Materialismus, die in Deutschland vor allem Männer wie Vogt, Moleschott und Büchner entwickelten. Büchner glaubte entdeckt zu haben, dass es keine Kraft ohne Stoff und keinen Stoff ohne Kraft gäbe (vgl. L. Büchner, 1855). Freuds Lehrer, insbesondere sein bedeutendster Lehrer, von Brücke, waren Vertreter des bürgerlichen Materialismus. Freud blieb stark von der Denkweise von Brückes und ganz allgemein vom bürgerlichen Materialismus beeinflusst, und er konnte sich unter diesem Einfluss einfach nicht vorstellen, dass es starke seelische Kräfte geben könne, für die keine spezifischen physiologischen Wurzeln nachweisbar seien.

Freuds eigentliches Ziel war es, menschliche Leidenschaften zu verstehen. Bisher hatten sich Philosophen, Dramatiker und Romanciers mit den Leidenschaften befasst, jedoch nicht die Psychologen oder Neurologen. Wie löste Freud das Problem? Zu einer Zeit, als noch ziemlich wenig über die hormonalen Einflüsse auf die Psyche bekannt war, sah Freud ein Phänomen, bei dem die Verbindung von Physiologischem und Psychischem wohlbekannt war: die Sexualität. Wenn es gelingt, die Sexualität als die Wurzel für alle Leidenschaften nachzuweisen, dann ist der theoretischen Forderung Genüge getan, denn die physiologische Wurzel psychischer Kräfte war entdeckt!

Es war später Jung, der diese Verbindung in Frage stellte. Darin liegt meiner Meinung nach eine wirklich wertvolle Ergänzung des Freudschen Denkens.

(2) Der zweite Bereich von nicht denkbaren Gedanken hängt mit Freuds bürgerlicher und autoritär-patriarchalischer Einstellung zusammen. Eine Gesellschaft, in der die Frau dem Mann wirklich gleichgestellt ist; in der die Männer trotz ihrer angeblichen physiologischen und psychischen Überlegenheit nicht Herrschaft ausüben, war für Freud einfach undenkbar. Als der von ihm sehr bewunderte John Stuart Mill seinen Gedanken über die Gleichwertigkeit der Frauen Ausdruck verlieh, schrieb Freud in einem Brief: »Dafür (...) fehlte ihm der Sinn für das Absurde in manchen Punkten (...)« (S. Freud, 1960, S. 73). Das Wort »absurd« ist ein sehr charakteristischer Ausdruck für etwas, das undenkbar ist. Die meisten Menschen bezeichnen gewisse Ideen als absurd, weil für sie nur das normal ist, was innerhalb des Bezugssystems des konventionellen Denkens liegt. Was darüber hinausgeht, ist für den Durchschnittsmenschen absurd. (Etwas anderes ist es, wenn der Autor – oder der Künstler – großen Erfolg hat. Ist Erfolg nicht eine Gewähr für geistige Gesundheit?) Genau die Tatsache, dass die Idee der Gleichwertigkeit der Frau für Freud undenkbar war, führte zu seiner Psychologie der Frau. Meiner Meinung nach ist seine Vorstellung, dass die Hälfte der Menschheit der anderen Hälfte biologisch, anatomisch und psychisch unterlegen ist, die einzige Idee in Freuds Denken, mit der man sich in keiner Weise abfinden kann, es sei denn, man nimmt sie als Schilderung einer männlich-chauvinistischen Einstellung.

Aber der bürgerliche Charakter von Freuds Denken kommt keineswegs nur in dieser extremen Form des Patriarchalismus zum Ausdruck. Tatsächlich gibt es ja nur wenige Denker, die in dem Sinn »radikal« sind, dass sie die Gedankenwelt ihrer Klasse überschreiten. Freud hat nicht zu ihnen gehört. Die Klassenbezogenheit seines Denkens ist praktisch in allen seinen theoretischen Behauptungen und in seiner gesamten Denkweise zu spüren. Wie hätte es auch anders sein können, da er ja kein radikaler Denker war? Es bestünde auch kein Grund, sich darüber zu beklagen, wenn seine orthodoxen (und unorthodoxen) Nachfolger sich nicht hierdurch in ihrer unkritischen Haltung bestätigt gefühlt hätten. Diese Einstellung Freuds erklärt auch, dass seine Schöpfung, die eine kritische Theorie – nämlich die Kritik des menschlichen Bewusstseins – ist, kaum mehr als eine Handvoll politisch-radikaler Denker hervorgebracht hat.

Man müsste ein ganzes Buch darüber schreiben, wollte man Freuds wichtigste Vorstellungen und Theorien vom Standpunkt ihrer Klassenbedingtheit aus analysieren. Es ginge jedenfalls weit über den Rahmen dieses Buches hinaus. So möchte ich nur einige wenige Beispiele dafür anführen. (Natürlich sind nicht alle Klassenelemente in Freuds Denken unbedingt ausschließlich »bürgerlichen« Ursprungs. Einige finden sich allgemein in patriarchalischen Gesellschaften, in deren Mittelpunkt das Privateigentum steht.)

(1) Freuds therapeutisches Ziel war es, die instinkthaften Triebe durch die Stärkung des Ichs zu beherrschen. Sie mussten dazu vom Ich und vom Über-Ich bezwungen werden. Hierin kommt Freud dem mittelalterlichen theologischen Denken nahe, wenngleich mit dem wichtigen Unterschied, dass in seinem System für die Gnade und die mütterliche Liebe – über das reine Nähren des Kindes hinaus – kein Platz ist. Sein Schlüsselwort heißt »Beherrschung«. Der psychologische Begriff entspricht dabei der gesellschaftlichen Wirklichkeit. Genau wie in der Gesellschaft die Mehrheit von einer Minderheit beherrscht wird, die die Macht innehat, glaubt man, so werde die Psyche durch die Autorität des Ichs und Über-Ichs beherrscht. Der Durchbruch des Unbewussten bringt die Gefahr einer Revolution

auf gesellschaftlicher Ebene mit sich. Beherrschung und Verdrängung sind repressive autoritäre Methoden, um den inneren und äußeren Status quo zu bewahren. Repression ist jedoch keineswegs die einzige Weise, mit Problemen des gesellschaftlichen Wandels fertig zu werden. Gewaltandrohung als ein Mittel, um »Gefährliches« niederzuhalten, ist nur innerhalb eines autoritären Systems eine Notwendigkeit, denn dort ist das höchste Ziel, den Status quo zu erhalten.

Andere Modelle der Strukturierung des Individuums und andere Modelle der Gesellschaftsstruktur können konstruiert und erprobt werden. Letztlich geht es immer um die Frage, wieviel Verzicht auf Glück die in einer Gesellschaft herrschende Minderheit der Mehrheit aufbürden muss. Die Antwort hängt davon ab, wie stark die produktiven Kräfte in einer Gesellschaft entwickelt sind und wie gering dementsprechend die notwendige Frustration des Einzelnen ist. Das gesamte Schema von »Über-Ich, Ich und Es« ist aber eine hierarchische Struktur, welche die Möglichkeit ausschließt, dass eine Gemeinschaft freier, das heißt nicht-ausgebeuteter Menschen in Harmonie leben kann, ohne zuvor finstere Mächte unter Kontrolle bringen zu müssen.

(2) Für Freud ist die Frau ihrem Wesen nach narzisstisch, unfähig zu lieben und sexuell kalt. (Vgl. die 33. Vorlesung in S. Freud, 1933a.) Es versteht sich von selbst, dass dieses groteske Bild, das Freud von der Frau zeichnet, männliche Propaganda ist. Die Frau der Mittelklasse war meist sexuell frigid, weil die bürgerliche Heirat mit ihrem Besitz-Charakter Frauen hervorbrachte, deren frigide Körper bewiesen, dass sie der Besitz des Mannes waren. Nur die Frauen der Oberklasse und die Kurtisanen durften zum Subjekt werden, aktiv sein (oder es wenigstens vortäuschen).

Kein Wunder, dass die Männer die sexuelle Lust als Eroberung erlebten. Die Überbewertung des »Sexualobjektes«, die es nach Freud nur beim Mann gibt (ein weiterer Mangel der Frau), ist – soweit ich das beurteilen kann – im wesentlichen Freude an der Jagd und an der schließlichen Eroberung. Nachdem die Eroberung durch den ersten Geschlechtsverkehr sichergestellt war, wurde die Frau zu der Aufgabe abgestellt, Kinder zu gebären und eine tüchtige Hausfrau zu sein. (All das geht deutlich aus Freuds eigener Ehe hervor. Aufgeregte, romantische Liebesbriefe, weitgehend das narzisstische Bild des großen Liebhabers, wie es für Liebesbriefe aus dem neunzehnten Jahrhundert so typisch ist – das alles bis zur Heirat; hinterher ein deutlicher Mangel an Interesse für seine Frau, sowohl erotisch als auch intellektuell und gefühlsmäßig.) Aus einem Jagdobjekt verwandelte sie sich in eine Nicht-Person. Hätte Freud viele Patientinnen aus der obersten Schicht der französischen und englischen Aristokratie gehabt, so hätte er vielleicht sein strenges Bild von der frigiden Frau geändert.

(3) Das wichtigste Beispiel für die bürgerlichen Züge von Freuds scheinbar universalen Vorstellungen ist seine Vorstellung von der Liebe. Tatsächlich spricht Freud von der Liebe häufiger, als seine orthodoxen Schüler das gewöhnlich tun. Aber was versteht er unter Liebe? Es ist höchst bemerkenswert, dass Freud und seine Schüler gewöhnlich von »Objektliebe« (im Gegensatz zur »narzisstischen Liebe«) und von einem »Liebesobjekt« sprechen, worunter die Person, die man liebt, zu verstehen ist. Gibt es denn wirklich so einen Gegenstand wie ein Liebes-»Objekt«? Hört nicht die geliebte Person auf, ein Objekt – das heißt etwas außerhalb von mir – zu sein, das mir gegenübersteht? Ist Liebe nicht gerade jene innere Aktivität, die zwei Menschen vereint, so dass sie aufhören, Objekte – das heißt Besitz des anderen – zu sein? Wenn man von Liebesobjekten spricht, so spricht man vom Haben unter Ausschluss jeder Form des Seins (vgl. *Haben oder Sein,* 1976a, GA II, S. 269–414). Wenn man von »Liebesobjekten« spricht, so ist das nichts anderes, als wenn ein Geschäftsmann von einer Kapitalanlage spricht. Im letzteren Fall wird das Kapital investiert, im ersteren Fall die Libido. Es ist nur logisch, dass in der psychoanalytischen Literatur häufig von der Liebe als von einer Investition von Libido in ein Objekt die Rede ist. Nur die Banalität einer Geschäftskultur kann die Liebe zu Gott, die Liebe zwischen Mann und Frau, die Liebe zum Menschen, die Begeiste-

rung eines Rumi oder eines Eckhart, eines Shakespeare oder eines Albert Schweitzer auf die Beschränktheit der Phantasie von Leuten reduzieren, die einer Klasse angehören, die den Sinn ihres Lebens in Kapitalanlage und Profit sieht.

Aufgrund dieser theoretischen Prämissen ist Freud gezwungen, von Liebes-»Objekten« zu sprechen, weil: »Libido Libido bleibt, ob sie nun auf Objekte oder auf das eigene Ich gewendet wird.« (S. Freud, 1916–17, S. 435 f.) Die Liebe ist sexuelle Energie, die an ein Objekt gebunden ist; sie ist nichts anderes als ein physiologisch verwurzelter, auf ein Objekt gerichteter Trieb. Sie ist sozusagen ein Abfallprodukt der biologischen Notwendigkeit, dass die Rasse überlebt. Bei Männern ist die »Liebe« meist eine Art Abhängigkeit von Personen, die ihnen dadurch wertvoll geworden sind, dass sie ihre anderen vitalen Bedürfnisse (Essen und Trinken) befriedigen. Das heißt, dass sich die Liebe des Erwachsenen kaum von der des Kindes unterscheidet: Beide lieben die, von denen sie ernährt werden. Zweifellos trifft das bei vielen Menschen zu. Ihre Liebe ist eine Art liebevoller Dankbarkeit dafür, dass man ernährt wird. Schön und gut. Aber zu behaupten, das sei das Wesen der Liebe, ist auf peinliche Weise banal. Wie Freud (1933a, S. 142 f.) sagt, können Frauen zu diesen Höhen nicht gelangen, weil sie »narzisstisch« lieben, das heißt weil sie sich selbst im anderen lieben. Freud postuliert: »Das Lieben an sich, als Sehnen, Entbehren, setzt das Selbstgefühl herab, das Geliebtwerden, Gegenliebe finden, *Besitzen des geliebten Objekts hebt es wieder.*« (S. Freud, 1914c, S. 167; Hervorhebung E. F.)

Diese Feststellung ist ein Schlüssel zum Verständnis von Freuds Liebesauffassung. Lieben impliziert Sehnen, und das Entbehren setzt das Selbstgefühl herab. Zu denen, die die Begeisterung und Kraft gepriesen haben, welche die Liebe dem Liebenden verleiht, sagt Freud: Ihr habt alle unrecht! Das *Lieben* macht euch schwach; was euch glücklich macht, ist *geliebt zu werden.* Und was heißt geliebt werden? Das Liebesobjekt *besitzen!* Es ist dies die klassische Definition der bürgerlichen Liebe: Besitzen und Beherrschen führt zum Glück, ob es sich nun um materiellen Besitz oder um eine Frau handelt, die, weil sie der Besitz des Mannes ist, ihrem Besitzer Liebe schuldet. Die Liebe beginnt mit der Ernährung des Kindes durch die Mutter. Sie endet damit, dass der Mann die Frau besitzt, die ihn immer noch mit ihrer Liebe, mit sexueller Lust und Nahrung zu versehen hat.

Hier ist vielleicht auch der Schlüssel zur Idee des Ödipuskomplexes. Hinter dem Strohmann des Inzests versteckt Freud das, was er als das Wesen der Liebe des Mannes ansieht: das ewige Gebundensein an eine Mutter, die ihn füttert und die gleichzeitig von ihm beherrscht wird. Wahrscheinlich hat Freud, soweit es sich um patriarchalische Gesellschaften handelt, tatsächlich recht mit dem, was er zwischen den Zeilen sagt: Der Mann bleibt ein abhängiges Geschöpf, verleugnet dies aber, indem er sich mit seiner Kraft brüstet, welche er dadurch unter Beweis stellt, dass er die Frau zu seinem Besitz macht. Zusammengefasst heißt das: Die Hauptfaktoren der Haltung des patriarchalischen Mannes sind seine Abhängigkeit von der Frau und die Verleugnung dieser Abhängigkeit durch die Beherrschung der Frau. Wie so oft verwandelt Freud auch hier eine spezifische Eigenschaft, nämlich die der patriarchalischen männlichen Liebe, in ein universales menschliches Phänomen.

c) Das Problem der wissenschaftlichen »Wahrheit«

Es ist Mode geworden zu behaupten, Freuds Theorie sei »unwissenschaftlich«, und Vertreter der verschiedenen Zweige der akademischen Psychologie neigen besonders zu dieser Ansicht. Diese Behauptung hängt natürlich ganz und gar davon ab, was man unter einer wissenschaftlichen Methode versteht. Viele Psychologen und Soziologen haben von wissenschaftlicher Methode eine etwas naive Vorstellung. Sie besteht kurz gesagt darin, dass man zunächst Tatsachen sammelt, dass man diese Tatsachen quantitativen Messungen verschiedener Art unterzieht – was die Computer heute außerordentlich erleichtern – und dass man dann als Resultat seiner Bemühungen erwartet, dass man zu einer Theorie oder wenigstens zu einer Hypothese gelangt. Weiterhin wird angenommen, dass genau wie bei einem naturwissenschaftlichen Experiment die Wahrheit der Theorie davon abhängt, ob das Experiment von jedermann wiederholt werden kann und dabei immer wieder zum gleichen Resultat führt. Probleme, die sich nicht auf diese Weise quantifizieren und statistisch erfassen lassen, betrachtet man als nicht-wissenschaftlich und verbannt sie deshalb aus dem Bereich der wissenschaftlichen Psychologie. Nach diesem Schema erklärt man ein, zwei oder drei Einzelfälle, die dem Beobachter die Möglichkeit geben, zu gewissen definitiven Schlussfolgerungen zu kommen, für mehr oder weniger wertlos, da sie sich nicht in einer so großen Anzahl von Fällen nachweisen lassen, wie sie für eine statistische Auswertung notwendig sind. Bei dieser Auffassung von wissenschaftlicher Methode spielt die Annahme eine wesentliche Rolle, dass die Fakten selbst die Theorie liefern, wenn man nur die richtige Methode anwendet, und dass das kreative Denken des Beobachters nur eine sehr geringe Rolle spielt. Man erwartet von ihm lediglich, dass er ein voraussichtlich befriedigendes Experiment geschickt aufbauen kann, ohne dass er dabei von einer eigenen Theorie ausgeht, die er durch das Experiment beweisen oder auch widerlegen möchte. Diese mit einer einfachen Folge von ausgewählten Fakten, Experiment und Gewissheit des Resultats arbeitende Auffassung von Wissenschaftlichkeit ist überholt, und es ist bezeichnend, dass unsere heutigen Naturwissenschaftler – Physiker, Biologen, Chemiker, Astronomen usw. – diese primitive Auffassung von wissenschaftlicher Methode längst aufgegeben haben.

Was kreative Wissenschaftler heute von den Pseudo-Wissenschaftlern in den Sozialwissenschaften unterscheidet, ist ihr Glaube an die Macht der Vernunft, ihre Überzeugung, dass die menschliche Vernunft und das menschliche Vorstellungsvermögen die trügerische Oberfläche der Erscheinungen durchdringen und zu Hypothesen gelangen kann, die sich mit den Kräften befassen, welche unter der Oberfläche liegen. Das Wesentliche dabei ist, dass sie alles andere eher erwarten als Gewissheit. Sie sind sich darüber klar, dass jede Hypothese über kurz oder lang durch eine andere ersetzt werden wird, die nicht unbedingt die erste negiert, sondern die sie modifiziert und erweitert.

Der Wissenschaftler kann diese Ungewissheit eben deshalb ertragen, weil er an die menschliche Vernunft glaubt. Es kommt ihm nicht darauf an, zu einem endgültigen Resultat zu kommen, sondern die Illusionen abzubauen und tiefer zu den Wurzeln vorzudringen. Der Wissenschaftler hat nicht einmal Angst davor, sich zu irren. Er weiß, dass die Geschichte der Wissenschaft eine Geschichte von fehlerhaften, aber produktiven, fruchtbaren Feststellungen ist, aus denen dann neue Einsichten gewonnen werden, welche die relative Fehlerhaftigkeit der älteren Feststellung überwinden und zu neuen Einsichten führen. Wenn die Wissenschaftler von dem Wunsch besessen wären, sich nicht zu irren, wären sie nie zu relativ richtigen Einsichten gelangt. Wenn der Sozialwissenschaftler natürlich nur triviale Fragen stellt und seine Aufmerksamkeit nicht fundamentalen Problemen zuwendet, dann gelangt er mit seiner »wissenschaftlichen Methode« zu Ergebnissen, und er kann endlose Abhandlungen schreiben, wie er sie um seiner akademischen Laufbahn willen schreiben muss.

Es war dies keineswegs immer die Methode der Sozialwissenschaften. Man braucht nur an Männer wie Marx, Durkheim, Mayo, Max und Alfred Weber und Tönnies zu denken. Sie haben sich unverkennbar mit fundamentalen Problemen befasst, und ihre Antworten gründeten sich nicht auf die naive und positivistische Methode, sich darauf zu verlassen, dass die statistischen Ergebnisse von selbst eine Theorie ergeben würden.

Für sie waren die Macht der Vernunft und ihr Glaube an diese Macht genauso wichtig und stark, wie dies bei den hervorragenden Naturwissenschaftlern der Fall ist. Aber in den Sozialwissenschaften haben sich die Dinge geändert. Viele Sozialwissenschaftler haben sich der wachsenden Macht der Großindustrie unterworfen und befassen sich hauptsächlich mit Problemen, deren Lösungen das System nicht in Frage stellen.

Welches Verfahren kennzeichnet nun aber die wissenschaftliche Methode sowohl in den Naturwissenschaften als auch in einer ernstzunehmenden Sozialwissenschaft?

(1) Der Wissenschaftler geht nicht vom Punkt Null aus, sondern sein Denken ist bestimmt von der Kenntnis früherer Theorien und von der Herausforderung von noch unerforschten Gebieten.

(2) Eine höchst genaue und detaillierte Erforschung der Phänomene ist die Voraussetzung für eine optimale Objektivität. Für den Wissenschaftler ist kennzeichnend, dass er vor den beobachtbaren Phänomenen den größten Respekt hat. Viele große Entdeckungen sind nur deshalb gemacht worden, weil ein Wissenschaftler kleinen Ereignissen seine Aufmerksamkeit zuwandte, die jeder zuvor schon gesehen, aber nicht beachtet hatte.

(3) Auf der Grundlage der ihm bereits bekannten Theorien und möglichst genauer Einzelkenntnisse formuliert er eine Hypothese. Die Aufgabe einer Hypothese sollte es sein, eine gewisse Ordnung in die beobachteten Phänomene zu bringen und diese versuchsweise so anzuordnen, dass sie sinnvoll erscheinen. Von wesentlicher Bedeutung ist es auch, dass der Forscher jeden Augenblick in der Lage ist, neue Daten zu beachten, die vielleicht im Widerspruch zu seiner Hypothese stehen und zu einer Revision dieser Hypothese führen, und so weiter ad infinitum.

(4) Diese wissenschaftliche Methode setzt natürlich voraus, dass der betreffende Forscher von Wunschdenken und Narzissmus wenigstens einigermaßen frei ist. Er muss die Tatsachen objektiv beobachten können, ohne sie zu verzerren oder ihnen nur deswegen ein unangebrachtes Gewicht zu verleihen, weil er beweisen möchte, dass seine Hypothese richtig ist. Die Verbindung von weitreichender Phantasie und Objektivität wird nur selten erreicht, was vermutlich der Grund dafür ist, dass große Wissenschaftler, die beide Bedingungen erfüllen, so selten sind. Eine hohe Intelligenz mag erforderlich sein, aber sie ist noch keine hinreichende Voraussetzung dafür, dass man ein kreativer Wissenschaftler wird. Tatsächlich ist eine vollkommene Objektivität so gut wie nie zu erreichen. Erstens

wird der Wissenschaftler, wie bereits erwähnt, stets vom »gesunden Menschenverstand« seiner Zeit beeinflusst, und nur außergewöhnliche Menschen von großer Begabung sind gegen Narzissmus immun. Trotzdem hat aber im Ganzen genommen diszipliniertes wissenschaftliches Denken ein solches Maß an Objektivität und »wissenschaftlichem Gewissen« hervorgebracht, wie es kaum in anderen Bereichen des kulturellen Lebens zu finden ist. Die Tatsache, dass die großen Wissenschaftler mehr als jeder andere die Gefahren erkennen, die der Menschheit heute drohen, und davor warnen, ist in Wirklichkeit tatsächlich der Ausdruck ihrer Fähigkeit zur Objektivität und ihrer Fähigkeit, sich nicht vom Geschrei einer irregeleiteten öffentlichen Meinung mitreißen zu lassen.

Diese Prinzipien der wissenschaftlichen Methode – also Objektivität, genaue Beobachtung, Hypothesenbildung und deren Revision durch die weitere Untersuchung von Tatsachen – gelten zwar für jedes wissenschaftliche Bemühen, sind aber nicht auf alle Gegenstände wissenschaftlichen Denkens in der gleichen Weise anwendbar. Während ich mich nicht kompetent fühle, über Physik zu sprechen, besteht doch meiner Meinung nach ein deutlicher Unterschied zwischen der Beobachtung eines Menschen in seiner Totalität und Lebendigkeit und der Beobachtung gewisser Aspekte einer Persönlichkeit, die man von der Gesamtpersönlichkeit abgetrennt hat und nun ohne Beziehung zum Ganzen untersucht. Man kann dies nicht tun, ohne die isoliert untersuchten Aspekte zu entstellen, weil sie mit jedem anderen Teil des Systems Mensch in einer ständigen Interaktion stehen und außerhalb des Ganzen nicht zu verstehen sind. Versucht man einen Teil einer Persönlichkeit getrennt von der Gesamtpersönlichkeit zu untersuchen, so muss man diese sezieren, was bedeutet, dass man sie zerstört. Man kann dann diesen oder jenen isolierten Aspekt untersuchen, aber alle Ergebnisse, die man auf diese Weise erreicht, sind notwendigerweise falsch, weil sie aus dem toten Material eines sezierten Menschen gewonnen wurden.

Den lebendigen Menschen kann man nur als Ganzes und in seiner Lebendigkeit verstehen, das heißt im ständigen Prozess der

Wandlung. Da jeder Mensch sich vom anderen unterscheidet, besteht sogar nur eine beschränkte Möglichkeit zu Verallgemeinerungen und zur Formulierung von Gesetzen, wenn auch der wissenschaftliche Beobachter stets versuchen wird, in der Mannigfaltigkeit der Individuen einige allgemeine Prinzipien und Gesetze zu finden.

Wenn man versucht, mit der wissenschaftlichen Methode zu einem Verständnis des Menschen zu gelangen, trifft man noch auf eine weitere Schwierigkeit. Die Daten, welche wir bei der Untersuchung eines Menschen erhalten, sind anderer Art als die, welche wir bei anderen wissenschaftlichen Untersuchungen gewinnen. Man muss den Menschen in seiner vollen Subjektivität verstehen, wenn man ihn überhaupt verstehen will. Ein Wort ist nicht schlechthin ein Wort. Ein Wort ist das, was es für eine bestimmte Person bedeutet, die es gebraucht. Die Wörterbuch-Bedeutung eines Wortes ist nur eine Abstraktion, verglichen mit der wirklichen Bedeutung, die dieses Wort für den hat, der es ausspricht. Das gilt natürlich nicht für Wörter, die Gegenstände bezeichnen, obwohl auch hier Einschränkungen zu machen sind, aber es trifft in hohem Maß auf Wörter zu, die sich auf emotionale oder intellektuelle Erfahrungen beziehen.

Ein Liebesbrief vom Anfang des Jahrhunderts klingt in unseren Ohren sentimental, konstruiert und etwas töricht. Ein Liebesbrief aus unseren Tagen, der die gleichen Gefühle mitteilen möchte, wäre den Menschen vor 50 Jahren kalt und gefühllos vorgekommen. Wörter wie Liebe, Glaube, Mut und Hass haben für jeden Einzelnen eine völlig subjektive Bedeutung, und es ist nicht übertrieben zu sagen, dass sie für zwei Menschen niemals die gleiche Bedeutung haben, weil es keine zwei Menschen gibt, die einander völlig gleich sind. Ein Wort kann sogar für ein und denselben Menschen nicht mehr die gleiche Bedeutung haben, die es zehn Jahre zuvor für ihn besaß, weil er selbst sich inzwischen geändert hat. Dasselbe gilt natürlich für Träume. Zwei inhaltlich gleiche Träume können trotzdem für zwei verschiedene Träumer eine sehr unterschiedliche Bedeutung haben. Der Künstler weiß gewöhnlich sehr viel besser Bescheid über die Subjektivität musikalischer oder anderer künstlerischer Erfahrungen, als der Durchschnittsmensch über die Subjektivität der Wörter Bescheid weiß, deren er sich bedient.

Eines der wichtigsten Merkmale in Freuds wissenschaftlichem Vorgehen ist nun aber, dass er sich völlig über die Subjektivität menschlicher Äußerungen im Klaren war, weshalb er versuchte, niemals eine Äußerung als gegeben hinzunehmen, sondern sich stets zu fragen, was dieses besondere Wort in diesem besonderen Augenblick und in diesem besonderen Zusammenhang für diesen besonderen Menschen bedeutete. Diese Subjektivität erhöht tatsächlich die Objektivität von Freuds Methode beträchtlich. Jeder Psychologe, der so naiv ist anzunehmen, ein Wort sei schlechthin ein Wort, wird mit einem anderen Menschen immer nur auf einer sehr abstrakten und unwirklichen Ebene verkehren. Ein Wort ist ein Zeichen für eine einzigartige und in gewissem Sinne nicht einmal wiederholbare Erfahrung.

d) Die wissenschaftliche Methode Freuds

Wenn wir unter der wissenschaftlichen Methode eine Methode verstehen, die sich auf den Glauben an die Macht der Vernunft gründet, welche auf optimale Weise von subjektiven Vorurteilen frei ist, ferner auf eine detaillierte Beobachtung von Tatsachen, auf die Bildung von Hypothesen, auf die Revision der Hypothesen auf Grund der Entdeckung neuer Tatsachen usw., so war Freud ganz gewiss ein Wissenschaftler. Er passte seine wissenschaftliche Methode jeweils seinem Forschungsobjekt an, anstatt wie die meisten Sozialwissenschaftler nur das zu untersuchen, was mit ihrer positivistischen Auffassung von Wissenschaft vereinbar ist. Ein weiterer wichtiger Aspekt von Freuds Denkweise ist, dass er den Gegenstand seiner Erkenntnis als ein System oder als eine Struktur begreift, und damit eines der frühesten Beispiele einer Systemtheorie geliefert hat. Seiner Auffassung nach kann man kein einzelnes Element in einer Persönlichkeit verstehen, ohne die Gesamtpersönlichkeit zu verstehen, und es kann sich kein einzelnes Element ändern, ohne dass es auch in anderen Elementen des Systems zu – wenn vielleicht auch nur geringen – Änderungen kommt. Im Gegensatz zu einer positivistischen, sezierenden Psychologie hat er ganz nach Art älterer psychologischer Systeme – wie zum Beispiel dem von Spinoza – das Individuum in seiner Totalität gesehen, die mehr ist als die Summe seiner Teile.

Wir haben bisher über die wissenschaftliche Methode und ihre positive Bedeutung gesprochen. Wenn man von der wissenschaftlichen Methode eines Denkers spricht, erübrigt es sich wohl darauf hinzuweisen, dass man damit nicht zugleich sagt, er habe mit seinen Ergebnissen Recht. Die Geschichte des wissenschaftlichen Denkens ist eine Geschichte irriger, wenn auch fruchtbarer Behauptungen.

Ich möchte hier nur ein einziges Beispiel für Freuds wissenschaftliches Vorgehen anführen, nämlich seinen Bericht über den Fall »Dora« (S. Freud, 1905e). Er behandelte diese Patientin wegen Hysterie, und die Analyse wurde nach drei Monaten beendet. Ohne auf Freuds Darstellung im einzelnen einzugehen, möchte ich seine objektive Haltung mit folgendem Zitat aus der Krankengeschichte belegen:

> Zur dritten Sitzung trat sie mit den Worten an: »Wissen Sie, Herr Doktor, dass ich heute das letzte Mal hier bin?« – »Ich kann es nicht wissen, da Sie mir nichts davon gesagt haben.« – »Ja, ich habe mir vorgenommen, bis Neujahr (es war der 31. Dezember) halte ich es noch aus; länger will ich aber auf die Heilung nicht warten.« – »Sie wissen, dass Sie die Freiheit auszutreten immer haben. Heute wollen wir aber noch arbeiten. Wann haben Sie den Entschluss gefasst?« – »Vor 14 Tagen, glaube ich.« – »Das klingt ja wie von einem Dienstmädchen, einer Gouvernante, 14tägige Kündigung.« – »Eine Gouvernante, die gekündigt hat, war auch damals bei K., als ich sie in L. am See besuchte.« – »So? von der haben Sie noch nie erzählt. Bitte erzählen Sie.« (S. Freud, 1905e, S. 268.)

Freud verwandte dann den Rest der Sitzung darauf, zu analysieren, was dieses Ausagieren der Rolle eines Dienstmädchens tatsächlich bedeutete. Es kommt mir hier nicht darauf an, zu welchen Resultaten Freud kam. Ich will nur sein rein wissenschaftliches Vorgehen zeigen: Er wird nicht ärgerlich, er fordert die Patientin nicht auf, es sich noch einmal zu überlegen, und redet ihr nicht zu, ihr Zustand werde sich bessern, wenn sie noch länger mit ihm arbeite. Er stellt lediglich fest, dass sie nun einmal bei ihm sei und dass sie, auch wenn es sich um die letzte Sitzung handle, ebenso gut die Zeit ausnutzen könnten, um herauszufinden, was ihr Entschluss bedeute.

Aber bei aller Bewunderung für Freuds Glaube an die Vernunft und an seine wissenschaftliche Methode ist doch nicht zu leugnen, dass er oft das Bild eines zwanghaften Rationalisten bietet. Oft gründet er seine Konstruktionen auf kleine Beweisstückchen, die ihn zu Schlüssen führen, welche fast absurd sind. Ich denke hier an seine Krankengeschichte *Aus der Geschichte einer infantilen Neurose.*[1] Wie Freud selbst anmerkte, stand er, als er den Bericht niederschrieb, »unter dem damals frischen Eindruck der Umdeutungen, welche C. G. Jung und Alf. Adler an den psychoanalytischen Ergebnissen vornehmen wollten« (S. Freud, 1918b, S. 29). Um zu erklären, was ich mit Freuds zwanghaftem Denken meine, muss ich etwas ausführlicher auf diesen Bericht eingehen.

Welches sind die wesentlichen Tatsachen und Probleme in diesem Fall?

Im Jahre 1910 suchte ein außergewöhnlich reicher junger Russe Hilfe bei Freud. Die Behandlung dauerte dann bis zum Juli 1914, als Freud den Fall als abgeschlossen betrachtete und die Fallgeschichte niederschrieb. Er berichtet:

---

1 S. Freud, 1918b. – Freud schloss die Krankengeschichte im November 1914 ab, wartete jedoch vier Jahre bis zur Veröffentlichung. Der Fall ist unter dem Titel »Der Wolfsmann« bekannt geworden. Vgl. auch die höchst interessante Zusammenstellung *The Wolf-Man* (M. Gardiner [Hg.], 1971), die eine Autobiographie des Wolfsmanns, Freuds Fallgeschichte und einen Nachtrag von Ruth Mack Brunswick enthält.

> Das Jahrzehnt seiner Jugend vor dem Zeitpunkt der Erkrankung hatte er in annähernd normaler Weise durchlebt und seine Mittelschulstudien ohne viel Störung erledigt. Aber seine früheren Jahre waren von einer schweren neurotischen Störung beherrscht gewesen, welche knapp vor seinem vierten Geburtstag als Angsthysterie (Tierphobie) begann, sich dann in eine Zwangsneurose mit religiösem Inhalt umsetzte und mit ihren Ausläufern bis in sein zehntes Jahr hineinreichte. (S. Freud, 1918b, S. 29 f.)

Bedeutende psychiatrische Kapazitäten hatten beim Patienten ein »manisch-depressives Irresein« diagnostiziert, aber Freud erkannte klar, dass dies nicht stimmte. (Eine der größten Kapazitäten, Professor Bumke, der damals in München lebte, gründete seine Diagnose darauf, dass der Patient manchmal freudig erregt und manchmal tief deprimiert war, wenn er zu ihm kam. Da er sich nicht die Mühe machte herauszufinden, ob es im realen Leben etwas gab, was an diesem Stimmungswechsel schuld sein könnte, kam er auch nicht hinter die einfache Tatsache, dass der Patient in eine Krankenschwester verliebt war, die in dem Sanatorium, in dem er sich befand, arbeitete, und dass er immer dann freudig erregt war, wenn sie seine Liebe erwiderte, und deprimiert, wenn sie sich ihm verweigerte.)

Freud erkannte deutlich, dass es sich nicht um eine manisch-depressive Psychose handelte, sondern dass der junge Mann einfach sehr reich, unbeschäftigt und gelangweilt war. Aber er fand auch noch etwas anderes: Er stieß auf eine infantile Neurose, an welcher der Patient litt. Der Patient berichtete, dass er, noch bevor er vier oder fünf Jahre alt war, eine Angst vor Wölfen entwickelt hatte, die weitgehend von seiner Schwester verursacht worden war, die ihm immer wieder ein Bilderbuch gezeigt hatte, in dem ein Wolf dargestellt war. Immer wenn er dieses Bild anschaute, fing er an, laut zu schreien, und hatte Angst, der Wolf werde kommen und ihn auffressen. Da der Junge auf einem großen Landgut in Russland lebte, ist es nicht unnatürlich, dass er eine Angst vor Wölfen entwickelte, die die Schwester mit ihren Drohungen noch anstachelte. Andererseits machte es ihm Spaß, Pferde zu schlagen. Auch zeigten sich bei ihm in dieser Periode Anzeichen einer Zwangsneurose. So fühlte er zum Beispiel den Zwang, »Gott-Schwein« oder »Gott-Kot« zu denken. Weiterhin ist zu erwähnen, dass der Patient sich plötzlich daran erinnerte, wie ihn, als er noch sehr klein war (noch keine fünf Jahre alt), seine zwei Jahre ältere Schwester, die später Selbstmord beging, zu sexuellen Spielen verführte. Hinzu kam, dass die vom Patienten geliebte Kinderfrau Nanja auf sein Onanieren negativ reagierte. Aus diesen Ereignissen im Leben des kleinen Jungen schließt Freud: »Das beginnende Sexualleben unter der Leitung der Genitalzone war also einer äußeren Hemmung erlegen und durch deren Einfluss auf eine frühere Phase prägenitaler Organisation zurückgeworfen worden.« (S. Freud, 1918b, S. 50.) Aber alle diese Daten sind relativ irrelevant im Vergleich zu Freuds Hauptinterpretation des Traums vom Wolfsmann. Der Patient erzählte Freud folgenden Traum:

> Ich habe geträumt, dass es Nacht ist und ich in meinem Bett liege (mein Bett stand mit dem Fußende gegen das Fenster, vor dem Fenster befand sich eine Reihe alter Nussbäume. Ich weiß, es war Winter, als ich träumte, und Nachtzeit). Plötzlich geht das Fenster von selbst auf, und ich sehe mit großem Schrecken, dass auf dem großen Nussbaum vor dem Fenster ein paar weiße Wölfe sitzen. Es waren sechs oder sieben Stück. Die Wölfe waren ganz weiß und sahen eher aus wie Füchse oder Schäferhunde, denn sie hatten große Schwänze wie Füchse und ihre Ohren waren aufgestellt wie bei den Hunden, wenn sie auf etwas aufpassen. Unter großer Angst, offenbar, von den Wölfen aufgefressen zu werden, schrie ich auf und erwachte. (S. Freud, 1918b, S. 54.)

Wie interpretiert Freud diesen Traum?

Der Traum zeigt, dass der kleine Junge im Alter von 1 ½ Jahren in seinem Bettchen geschlafen hatte und nachmittags möglicherweise um fünf Uhr aufwachte.

> Als er erwachte, wurde er Zeuge eines dreimal wiederholten *coitus a tergo*, konnte das Genitale der Mutter wie das Glied des Vaters sehen und verstand den Vorgang wie dessen Bedeutung. Endlich störte er den Verkehr der Eltern auf eine Weise, von der späterhin die Rede sein wird. (S. Freud, 1918b, S. 64.)

Freud bemerkt an dieser Stelle:

> Hier kommt nun die Stelle, an der ich die Anlehnung an den Verlauf der Analyse verlassen muss. Ich fürchte, es wird auch die Stelle sein, an der der Glaube der Leser mich verlassen wird. (S. Freud, 1918b, S. 63.)

In der Tat, und mehr als das! Eine Hypothese darüber aufzustellen, was sich tatsächlich ereignete, als der kleine Junge anderthalb Jahre alt war, und das nach einem Traum, der nichts weiter sagt, als dass das Kind ein paar Wölfe sah, scheint ein Beispiel für Zwangsdenken zu sein und lässt die Realität völlig außer Acht. Natürlich benutzt Freud diese Assoziation dazu, sie in ein ganzes Gewebe einzuwirken, aber das Gewebe steht in keinerlei Zusammenhang mit der Realität. Diese Interpretation des Traums vom Wolfsmann, eines der klassischen Beispiele für Freuds Kunst der Traumdeutung, legt Zeugnis ab von Freuds Fähigkeit und Vorliebe, die Realität aus hundert kleinen Begebenheiten aufzubauen, die entweder auf Vermutungen beruhen oder durch die Interpretation aus dem Zusammenhang gerissen wurden und ihm dazu dienten, gewisse Schlüsse ziehen zu können, die in seine vorgefasste Meinung hineinpassten. Es gibt viele Träume, die Freud auf diese Weise interpretierte und denen nicht mehr Realität zugrunde liegt als diesem berühmten Traum vom Wolfsmann. Aus Raumgründen möchte ich jedoch an dieser Stelle nicht noch mehr Beispiele anführen.

Soviel kann man mit gutem Gewissen sagen: Selbst wenn Freud zu anscheinend absurden Trauminterpretationen gelangt, so besitzt er doch die bewundernswerte Fähigkeit, in den Träumen wie auch in den Assoziationen des Patienten selbst das kleinste Detail zu beobachten und mit zu berücksichtigen. Nichts, so geringfügig es auch sein mag, scheint seiner Aufmerksamkeit zu entgehen, und alles wird mit größter Genauigkeit notiert.

Leider kann man das von vielen oder den meisten seiner Schüler nicht mehr behaupten. Da ihnen Freuds ungewöhnlich durchdringender Verstand und seine aufs Detail gerichtete Aufmerksamkeit abgehen, haben sie den leichteren Weg gewählt und sind zu Interpretationen gelangt, die ebenfalls absurd, dazuhin aber noch das Ergebnis irgendwelcher unbestimmter Spekulationen sind, welche die Sache ungeheuer vereinfachen. Freud selbst hat niemals simplifiziert, er hat vielmehr die Dinge immer noch komplizierter gesehen, so dass man sich in seinen Interpretationen fast wie in einem Labyrinth gefangen fühlt.

Mit Freuds Denkmethode konnte man entdecken, dass ein Phänomen einmal das bedeuten kann, was es zu bedeuten scheint, dass es aber auch das Gegenteil ausdrücken kann. Er hat entdeckt, dass sich hinter jeder Liebesbeteuerung auch unterdrückter Hass verstecken kann, dass Unsicherheit durch Arroganz und Angst durch Aggressivität überdeckt werden kann usw. Das war eine wichtige, aber auch eine gefährliche Entdeckung. Die Annahme, dass ein Verhalten genau sein Gegenteil bedeuten kann, bedurfte eines Beweises, und Freud war eifrig bemüht, diesen Beweis zu finden. Wenn man weniger sorgfältig vorgeht, wie das viele seiner Schüler getan haben, gelangt man sehr leicht zu Hypothesen, die sich auf das wissenschaftliche Denken destruktiv auswirken. Um nicht zu offenbaren, dass man nur über gesunden Menschenverstand, und nicht auch über Spezialwissen verfügte, brauchte man nur zu sagen, dass der Patient vom Gegenteil dessen motiviert sei, von dem er motiviert zu sein glaubte.

Eines der besten Beispiele hierfür ist die unbewusste Homosexualität. Es ist dies ein Teil von Freuds Theorie, der vielen Menschen Schaden zugefügt hat. Um zu zeigen, dass er hinter die Kulissen sehen kann, spricht der Analytiker die Vermutung aus, dass der Patient an unbewusster Homosexualität leide. Wenn nun der Patient ein sehr intensives heterosexuelles Leben führt, wird argumentiert, gerade diese Intensität beweise, dass er damit eine unbewusste Homosexualität zu verdrängen suche. Oder, angenommen, der Patient hat überhaupt kein sexuelles Interesse an Personen des eigenen Geschlechts, dann lautet das Argument, dieses völlige Fehlen des homosexuellen Interesses beweise die Verdrängung der Homosexualität. Oder, wenn ein Mann die Farbe der Krawatte eines anderen Mannes lobt, so soll das ein eindeutiger Beweis für seine unbewusste Homosexualität sein. Das Dumme dabei war natürlich, dass man mit dieser Methode das Fehlen von Homosexualität niemals beweisen konnte, und dass nicht selten eine Analyse auf der Suche nach unbewusster Homosexualität, für die es keinerlei Beweise gab, außer dass bei dieser Methode alles auch das Gegenteil von dem bedeuten kann, was es nach außen hin darstellt, jahrelang fortgeführt wurde.

Diese Art der Behandlung hatte verheerende Folgen, weil sie Interpretationen ermöglichte, die derart willkürlich waren, dass sie oft zu völlig falschen Schlüssen führten. (Es gibt eine deutliche Parallele zwischen diesem vulgären Freudianismus und dem vulgären Marxismus, der im theoretischen Denken der Sowjets kultiviert wird. Marx hat – genau wie Freud – gezeigt, dass etwas auch sein genaues Gegenteil bedeuten kann, aber natürlich war das auch für Marx etwas, was bewiesen werden musste. Im vulgär-marxistischen Denken führte das zu dem Schluss, dass man immer behaupten kann, wenn etwas nicht das ist, was es zu sein vorgibt, ist es das Gegenteil davon, womit man leicht das Denken seinen eigenen dogmatischen Zielen entsprechend manipulieren kann.)

2. Größe und Grenzen der Entdeckungen Freuds

Die folgende Erörterung soll zeigen
- welches die wichtigsten Entdeckungen Freuds waren;
- wie seine philosophischen und persönlichen Voraussetzungen ihn zwangen, seine Entdeckungen einzuengen und zu entstellen;
- wie die Bedeutung der Entdeckungen wächst, wenn wir sie von diesen Entstellungen befreien, und
- dass man durch eine andere Formulierung das Wesentliche und Dauernde in Freuds Theorie von dem Zeit- und Gesellschaftsbedingten trennen kann.

Dieses Ziel bedeutet keine »Revision« Freuds und keinen »Neo-Freudianismus«. Es handelt sich vielmehr um eine Weiterentwicklung des Wesentlichen im Freudschen Denken durch eine kritische Interpretation auf der philosophischen Grundlage des historischen (im Gegensatz zum bürgerlichen) Materialismus sowie auf Grund neuer klinischer Erkenntnisse.

a) Das Unbewusste

Natürlich war Freud nicht der erste, der entdeckte, dass wir in uns Gedanken und Strebungen haben, die uns nicht bewusst sind. Aber Freud war der erste, der diese Entdeckung zum Mittelpunkt seines psychologischen Systems machte und der die unbewussten Phänomene auf höchst detaillierte Weise und mit erstaunlichen Resultaten erforscht hat. Freud ging von einer grundsätzlichen Diskrepanz zwischen Denken und Sein aus. Wir denken zum Beispiel, dass unser Verhalten von Liebe, Hingabe, Pflichtgefühl usw. motiviert ist, und wir sind uns der Tatsache nicht bewusst, dass wir in Wirklichkeit vom Wunsch nach Macht, von Masochismus und von einem Abhängigkeitsbedürfnis motiviert sind.

Freuds Entdeckung bestand darin, dass das, was wir denken, mit dem, was wir sind, nicht unbedingt identisch ist. Was jemand von sich selber denkt, ist oft etwas ganz anderes als das, was er wirklich ist und die meisten von uns leben eigentlich in einer Welt der Selbsttäuschung, in der sie annehmen, dass ihre Gedanken die Wirklichkeit repräsentieren. Die historische Bedeutung von Freuds Begriff des Unbewussten liegt darin, dass in einer langen Tradition schon immer angenommen wurde, Denken und Sein seien miteinander identisch und dass der Idealismus in seinen strengeren Formen postulierte, dass nur das Denken (die Idee, das Wort) real sei, während die Welt der Erscheinung keine eigene Realität besitze. (Nebenbei bemerkt spricht sehr viel dafür, dass der Glaube an die Überlegenheit der Idee und des Denkens über die materielle Realität ein Ergebnis des Siegs des patriarchalischen über das matriarchalische System war. Weil die Männer nicht wie die Frauen auf natürliche Weise Kinder zur Welt bringen können, bestanden sie darauf, ebenfalls etwas hervorbringen zu können, aber nicht körperlich, sondern intellektuell. – Vgl. meine Interpretation des Schöpfungsmythos in *Märchen, Mythen, Träume*, 1951a, GA IX, S. 293–295.)

Indem Freud dem bewussten Denken vor allem die Rolle zuwies, Triebe zu rationalisieren, war er auf dem Weg, das Fundament des Rationalismus zu zerstören, zu dessen hervorragenden Vertretern er selbst gehörte. Mit seiner Entdeckung der Diskrepanz zwischen Denken und Sein hat Freud nicht nur die Tradition des westlichen Idealismus in seinen philosophischen und seinen populären Formen unterlaufen, er hat damit auch auf dem Gebiet der Moral eine weitreichende Entdeckung gemacht. Bis zu Freud konnte man Aufrichtigkeit dadurch definieren, dass einer sagt, was er glaubt. Seit Freud ist diese Definition der Aufrichtigkeit unzureichend. Der Unterschied zwischen dem, was ich sage, und dem, was ich glaube, greift in eine neue Dimension über, nämlich die meiner unbewussten Überzeugungen oder meines unbewussten Strebens. Wer überzeugt ist, die Entwicklung seines Kindes durch Strafe zu fördern, hätte in der Zeit vor Freud als ganz ehrlich gegolten, vorausgesetzt, dass er es wirklich geglaubt hätte. Nach Freud aber erhebt sich die kritische Frage, ob er mit dieser Überzeugung nicht einfach sadistische Wünsche rationalisiert, das heißt, ob es ihm nicht Vergnügen macht, das Kind zu schlagen und ob er die Idee, es sei zu dessen Bestem, nicht nur als Vorwand benutzt. Vor Freud wäre er ein ehrlicher Mensch gewesen, seit Freud wäre er in diesem speziellen Fall ein unehrlicher Mensch, und in ethischer Hinsicht könnte man ihm tatsächlich denjenigen vorziehen, der wenigstens ehrlich genug ist, sein wahres Motiv zuzugeben. Dieser wäre nicht nur ehrlicher, er wäre auch weniger gefährlich. Es gibt unzählige Grausamkeiten und Bösartigkeiten aller Art, die von Einzelnen oder im Laufe der Geschichte als gute Absichten rationalisiert worden sind. Seit Freud kann der Satz »Ich habe es doch gut gemeint« nicht mehr als Entschuldigung dienen. Es gut zu meinen, ist eine der wirksamsten Rationalisierungen bösen Handelns, und nichts ist leichter, als sich selbst von der Gültigkeit dieser Rationalisierung zu überzeugen.

Freuds Entdeckung brachte noch ein drittes Resultat. In einer Kultur wie der unseren, in der Worte eine so ungeheure Rolle spielen, dient das Gewicht der Worte oft dazu, die Erfahrung zu vernachlässigen, ja sie zu entstellen. Wenn jemand sagt »Ich liebe dich« oder »Ich liebe Gott« oder »Ich liebe mein Vaterland«, dann äußert er Worte, die auch dann, wenn er von ihrer Wahrheit völlig überzeugt ist, unwahr und nichts weiter als eine Rationalisierung seines Wunsches nach Macht, Erfolg, Ruhm und Geld sein können, oder in denen lediglich die Abhängigkeit von seiner Gruppe zum Ausdruck kommt. Liebe muss in dem, was tatsächlich vor sich geht, nicht einmal andeutungsweise enthalten sein, und meist ist es auch so. Bisher ist Freuds Entdeckung noch nicht so allgemein anerkannt, dass man auf Erklärungen guter Absichten oder auf Geschichten von vorbildlichem Verhalten instinktiv mit Vorbehalt reagiert. Dennoch ist Freuds Theorie genau wie die Theorie von Marx eine kritische Theorie. Freud nahm Behauptungen nicht unbesehen hin, er betrachtete sie skeptisch, selbst wenn er nicht daran zweifelte, dass der Betreffende bewusst aufrichtig war. Aber die bewusste Aufrichtigkeit bedeutet relativ wenig in Bezug auf die gesamte Persönlichkeit eines Menschen.

Freuds große Entdeckung mit ihren weitreichenden philosophischen und kulturellen Konsequenzen war die Entdeckung des Konflikts zwischen Denken und Sein. Aber er hat die Bedeutung dieser Entdeckung durch die Annahme eingeschränkt, dass im wesentlichen die bewusste Erinnerung an infantile sexuelle Strebungen verdrängt wird und dass der Konflikt zwischen Denken und Sein im wesentlichen ein Konflikt zwischen dem Denken und der infantilen Sexualität sei. Diese Einschränkung überrascht nicht. Wie bereits gesagt, stand Freud unter dem Einfluss des Materialismus seiner Zeit. Er glaubte die Inhalte der Verdrängung in jenen Strebungen zu finden, die nicht nur gleichzeitig psychischer und physiologischer Natur sind, sondern die auch ganz offensichtlich in der Gesellschaft, in der er lebte, verdrängt wurden. Genauer gesagt, handelte es sich um die Mittelklasse mit ihrer viktorianischen Moral, aus der Freud und die meisten seiner Patienten kamen. Er fand Beweise dafür, dass pathologische Erscheinungen, wie zum Beispiel die Hysterie, manchmal Ausdruck verdrängter sexueller Wünsche waren. Er identifizierte jedoch die Gesellschaftsstruktur seiner Klasse und ihre Probleme mit dem Menschen als solchem und mit den Problemen, die in der menschlichen Existenz selbst wurzeln. Hier hatte Freud zweifellos seinen blinden Fleck. Für ihn war die bürgerliche Gesellschaft identisch mit der zivilisierten Gesellschaft schlechthin. Er gab zwar zu, dass es besondere Kulturen gäbe, die sich von der bürgerlichen Gesellschaft unterschieden, aber er betrachtete diese stets als primitiv und unterentwickelt.

Die materialistische Philosophie und die weitverbreitete Verdrängung sexueller Wünsche aus dem Bewusstsein waren die Ausgangspunkte, von denen Freud die Inhalte des Unbewussten herleitete. Außerdem übersah er die Tatsache, dass sehr häufig sexuelle Impulse ihr Vorhandensein oder ihre Intensität nicht dem physiologischen Substrat der Sexualität verdanken, sondern ganz im Gegenteil oft das Ergebnis völlig andersartiger, selbst nicht sexueller Impulse sind. Es besteht kein Zweifel, dass auch der Narzissmus, der Sadismus, die Neigung sich zu unterwerfen und pure Langeweile eine Quelle sexueller Wünsche sein können. Und bekanntlich sind auch Macht und Reichtum wichtige Elemente, die sexuelle Wünsche hervorrufen.

Heute, nur zwei oder drei Generationen nach Freud, ist deutlich zu erkennen, dass die Sexualität in der städtischen Zivilisation nicht mehr Hauptgegenstand der Verdrängung ist. Ganz im Gegenteil ist die Sexualität, seit der Massenmensch sich voller Hingabe damit beschäftigt, ein *homo consumens* zu werden, zu einem der Hauptkonsumartikel (und zwar zu einem der billigsten) geworden, welche die Illusion von Glück und Zufriedenheit erzeugen.

Es lassen sich ganz andere Konflikte zwischen dem Bewussten und dem Unbewussten beobachten. Hier nun einige der häufigsten dieser Konflikte:

- Freiheitsbewusstsein – unbewusste Unfreiheit
- bewusstes gutes Gewissen – unbewusste Schuldgefühle
- bewusstes Glücksgefühl – unbewusste Depressionen
- bewusste Aufrichtigkeit – unbewusster Betrug
- bewusster Individualismus – unbewusste Beeinflussbarkeit
- Machtbewusstsein – unbewusstes Gefühl der Hilflosigkeit
- bewusster Glaube – unbewusster Zynismus und völlige Glaubenslosigkeit
- Bewusstsein zu lieben – unbewusste Gleichgültigkeit oder unbewusster Hass
- bewusste Aktivität – unbewusste psychische Passivität und Trägheit
- bewusst realistische Einstellung – unbewusster Mangel an Realismus.

Dies sind die wirklichen Widersprüche unserer Zeit, die verdrängt und rationalisiert werden. Sie existierten bereits zu Freuds Zeit, doch waren manche von ihnen damals noch nicht so drastisch ausgeprägt wie heute. Noch wesentlicher aber ist, dass Freud ihnen keine Aufmerksamkeit schenkte, weil er von der Sexualität und ihrer Verdrängung fasziniert war. Seit der Entwicklung der orthodoxen Freudschen Psychoanalyse ist die infantile Sexualität der Eckstein des Systems geblieben.

Die Psychoanalyse hat sich zu einem Widerstand entwickelt, der verhindern soll, an die wirklichen und entscheidenden Konflikte im Menschen und zwischen den Menschen heranzukommen.

b) Der Ödipuskomplex

Eine weitere große Entdeckung Freuds ist der von ihm so genannte Ödipuskomplex. Er war der Meinung, dass auf dem Grund einer jeden Neurose ein ungelöster Ödipuskomplex zu finden sei.

Was Freud unter dem Ödipuskomplex versteht, ist einfach zu sagen: Durch das Erwachen sexueller Wünsche im frühen Alter von etwa vier oder fünf Jahren entwickelt der kleine Junge eine intensive sexuelle Bindung an seine Mutter, auf die sich seine ebenso intensiven Wünsche richten. Er will sie für sich haben, und der Vater wird zu seinem Rivalen. So entwickelt er eine Feindseligkeit gegen den Vater, möchte an seine Stelle treten und ihn letzten Endes beseitigen. Mit dem Gefühl, den Vater zum Rivalen zu haben, entwickelt der kleine Junge auch eine Angst, von ihm kastriert zu werden. Freud hat diese Konstellation als Ödipuskomplex bezeichnet, weil im griechischen Mythos Ödipus sich in seine Mutter verliebt, ohne zu wissen, dass die geliebte Frau seine Mutter war. Als der Inzest entdeckt wird, blendet er sich selbst – ein Symbol für eine Selbstkastrierung – und verlässt, nur von seinen beiden Töchtern begleitet, seine Heimat und sein Geschlecht.

Freuds große Entdeckung war in diesem Fall die Intensität der Bindung des kleinen Jungen an seine Mutter oder an eine Mutterfigur. Der Grad dieser Bindung, des Wunsches von ihr geliebt und umsorgt zu werden, ihren Schutz nicht zu verlieren, ist in der Tat nicht zu überschätzen. Wir finden sie auch noch bei vielen erwachsenen Männern, die ihre Mutter nicht aufgeben wollen und sie auch später in anderen Frauen sehen, die für sie die Bedeutung einer Mutter haben. Diese Bindung existiert auch bei Mädchen. Doch scheint sie bei ihnen etwas andere Folgen zu haben, was bei Freud nicht ganz klar wird.

Die Bindung des Mannes an seine Mutter ist nicht schwer zu verstehen. Schon während seines intrauterinen Lebens ist sie seine Welt. Er ist völlig ein Teil von ihr. Er wird von ihr ernährt, umhüllt und geschützt, eine Situation, die sich auch nach der Geburt noch nicht grundsätzlich ändert. Ohne ihre Hilfe würde er zugrunde gehen, ohne ihre zärtliche Fürsorge würde er geisteskrank. Sie ist es, die ihm das Leben schenkt und von der sein Leben abhängt. Sie kann ihm auch das Leben wieder nehmen, wenn sie sich weigert, ihre mütterlichen Funktionen zu erfüllen. Ein Symbol der widersprüchlichen Funktionen der Mutter ist die indische Göttin Kali, die gleichzeitig Schöpferin und Zerstörerin des Lebens ist. Der Vater spielt in den ersten Lebensjahren des Kindes eine fast nebensächliche Rolle, wie er ja auch nur die zufällige Funktion hat, das Kind zu zeugen. Naturwissenschaftlich gesehen trifft es zwar zu, dass der männliche Same sich mit dem weiblichen Ei vereinigen muss, doch spielt der Mann praktisch beim Werden des Kindes und der Fürsorge für sein Leben überhaupt keine Rolle. Psychologisch gesehen ist seine Anwesenheit völlig überflüssig und könnte ebenso gut durch eine künstliche Befruchtung ersetzt werden. Vom vierten oder fünften Lebensjahr an kann er dann wieder eine Rolle spielen als derjenige, der das Kind unterweist, ihm als Vorbild dient und für seine intellektuelle und moralische Erziehung verantwortlich ist. Leider ist er eher ein Vorbild für Ausbeutung, Irrationalität und Unmoral. Gewöhnlich möchte er seinen Sohn nach seinem Bild formen, so dass er ihm von Nutzen werden kann, indem er ihm bei seiner Arbeit hilft und der Erbe seines Besitzes wird. Außerdem soll er das gutmachen, worin er selbst gescheitert ist, indem er das erreicht, was der Vater nicht erreichen konnte.

Die Bindung an die Mutterfigur und die Abhängigkeit von ihr bedeutet mehr als die Bindung an eine bestimmte Person. Es handelt sich um die Sehnsucht nach einer Situation, in der das Kind beschützt und geliebt wird und selbst noch keine Verantwortung zu tragen hat. Aber nicht nur das Kind hat diese Sehnsucht. Wenn wir sagen; das Kind sei hilflos und brauche daher seine Mutter, dürfen wir nicht vergessen, dass jedes menschliche Wesen in Bezug auf die Welt als ganze hilflos ist. Sicher kann der Mensch sich verteidigen und bis zu einem gewissen Grad für sich selber sorgen, aber angesichts der Gefahren, Ungewissheiten und Risiken, denen er ausgesetzt ist, und wenn man bedenkt, wie gering andererseits seine Kraft ist, mit körperlichen Krankheiten, mit Armut und Ungerechtigkeit fertig zu werden, mag es offen bleiben, ob der Erwachsene weniger hilflos ist als das Kind. Denn das Kind hat eine Mutter, die mit ihrer Liebe alle Gefahren von ihm abwehrt. Der Erwachsene hat niemanden. Natürlich hat er vielleicht Freunde, eine Frau und auch ein gewisses Maß an sozialer Sicherheit, trotzdem sind seine Möglichkeiten, sich zur Wehr zu setzen und das zu erwerben, was er braucht, höchst begrenzt. Ist es da verwunderlich, dass er den Traum mit sich herumträgt, wieder eine Mutter zu finden oder eine Welt, in der er wieder Kind sein kann? Man kann mit Recht den Widerspruch zwischen dem sehnsüchtigen Verlangen nach der paradiesischen Existenz eines Kindes und den Notwendigkeiten, die sich aus der Existenz des Erwachsenen ergeben, als den Kern aller neurotischen Entwicklungen ansehen.

Worin Freud sich irrte und sich auf Grund seiner Voraussetzungen irren musste, war die Ansicht, dass die Bindung an die Mutter ihrem Wesen nach sexueller Natur sei. Entsprechend seiner Theorie von der infantilen Sexualität war es für ihn nur logisch, anzunehmen, dass der kleine Junge dadurch an seine Mutter gebunden sei, dass sie die erste Frau in seinem Leben ist, die ihm nahe ist und die seinen sexuellen Wünschen ein natürliches Objekt bietet, nach dem er sich sehnt. Weitgehend trifft das auch zu. Wir besitzen viele Beweise dafür, dass die Mutter für den kleinen Jungen nicht nur ein

Objekt seiner Zuneigung, sondern auch ein Objekt seines sexuellen Begehrens ist, aber – und hier liegt der große Irrtum Freuds – es ist nicht das sexuelle Begehren, das die Beziehung zur Mutter so intensiv und vital macht. Diese Intensität beruht auf der Sehnsucht nach dem oben erwähnten paradiesischen Zustand und verleiht der Mutterfigur nicht nur in der Kindheit, sondern vielleicht im ganzen Leben eines Menschen eine solche Wichtigkeit.

Freud hat die offenkundige Tatsache übersehen, dass sich sexuelle Wünsche ihrem Wesen nach nicht durch besondere Stabilität auszeichnen. Ist eine sexuelle Beziehung nicht mit Zuneigung und starken emotionalen Bindungen verquickt, von denen die wichtigste die Liebe ist, so ist sie selbst in ihrer intensivsten Form recht kurzlebig – wenn man ihr eine Dauer von sechs Monaten zugesteht, so ist das wahrscheinlich noch recht großzügig. Die Sexualität als solche ist unbeständig, vielleicht noch mehr bei Männern, die auf Abenteuer aus sind, als bei Frauen, bei denen die Verantwortung für das Kind der Sexualität eine ernstere Bedeutung verleiht. Die Annahme, Männer seien an ihre Mütter gebunden wegen einer sexuellen Bindung, deren Ursprung 20 oder 30 oder 50 Jahre zurückliegt, ist schlechtweg absurd, wenn man bedenkt, dass viele sich nicht einmal mehr nach drei Jahren einer sexuell befriedigenden Ehe an ihre Frau gebunden fühlen. Die Mutter mag für den kleinen Jungen tatsächlich ein Objekt für sein Begehren sein, weil sie eine der ersten Frauen in seinem Leben ist, aber es stimmt auch – und Freud hat selbst in seinen Fallgeschichten darüber berichtet –, dass sich kleine Jungen ebenso leicht in kleine Mädchen ihres eigenen Alters verlieben und leidenschaftliche Liebesaffären mit ihnen durchleben, wobei sie ihre Mutter ziemlich vergessen.

Man versteht das Liebesleben eines Mannes nicht richtig, wenn man nicht sieht, wie er zwischen dem Wunsch, in einer anderen Frau die Mutter wiederzufinden, und dem gleichzeitigen Wunsch, von der Mutter loszukommen und eine Frau zu finden, die von der Mutterfigur möglichst verschieden ist, hin und her schwankt. Dieser Konflikt ist eine der Hauptursachen für Ehescheidungen. Es kann leicht vorkommen, dass die Frau zu Anfang der Ehe keine Mutterfigur war, dass sie aber im Laufe des Ehelebens, wo sie den Haushalt zu führen hat, zu einer Art Zuchtmeister wird, der den Mann von der Erfüllung seines kindlichen Wunsches nach neuen Abenteuern abhält, und dass sie eben hierdurch die Funktion der Mutter übernimmt und in dieser Eigenschaft vom Mann gleichzeitig begehrt, gefürchtet und abgelehnt wird. Oft verliebt sich ein älterer Mann in ein junges Mädchen. Es ist frei von allen mütterlichen Zügen, und solange sie in ihn verliebt ist, lebt der Mann in der Illusion, seiner Abhängigkeit von der Mutterfigur entronnen zu sein.

Freud hat mit seiner Entdeckung der ödipalen Bindung an die Mutter eines der bedeutsamsten Phänomene entdeckt, nämlich die Bindung des Mannes an die Mutter und seine Angst, sie zu verlieren. Er hat diese große Entdeckung jedoch dadurch entstellt, dass er sie als ein sexuelles Phänomen ansah, und damit die Bedeutung seiner Entdeckung verdunkelt, dass nämlich die Sehnsucht nach der Mutter einer der Wünsche ist, die in der Existenz des Menschen selbst ihre Wurzel haben.

Der andere Teil des Ödipuskomplexes, die Rivalität mit dem Vater und die Feindseligkeit gegen ihn, die in dem Wunsch kulminiert, den Vater zu töten, ist ebenfalls eine gültige Beobachtung, die jedoch mit der Mutterbindung nicht notwendig zusammenhängt. Freud verleiht einer Erscheinung, die nur für die patriarchalische Gesellschaftsordnung kennzeichnend ist, eine universale Bedeutung. In einer patriarchalischen Gesellschaft ist der Sohn dem Willen des Vaters unterworfen; er ist der Besitz des Vaters, und sein Schicksal wird vom Vater bestimmt. Um Erbe des Vaters zu werden – und das heißt so viel wie erfolgreich zu sein –, muss er nicht nur dem Vater Freude bereiten, er muss sich ihm unterwerfen, ihm gehorchen und den Willen des Vaters an die Stelle seines eigenen Willens setzen. Eine solche Unterdrückung führt – wie jede Unterdrückung – zu Hass, zum Wunsch, sich von dem Unterdrücker zu befreien und ihn schließlich zu beseitigen. Wir finden eine derartige Situation zum Beispiel deutlich ausgeprägt bei dem alten Bauern, der bis zum Tag seines Todes wie ein Diktator über seinen Sohn und seine Frau herrscht. Ist dieser Tag noch fern und der Sohn wird 30 oder 40 oder 50 Jahre alt und muss noch immer die Herrschaft seines Vaters hinnehmen, so wird er diesen ganz gewiss in vielen Fällen als einen Unterdrücker hassen.

In der modernen Geschäftswelt kommt das alles nicht so deutlich zum Ausdruck. Von Ausnahmen abgesehen, besitzt der Vater nichts, worin der Sohn sein Nachfolger werden könnte, und das Vorwärtskommen junger Leute hängt weitgehend von ihren eigenen Fähigkeiten ab. Nur selten kommt es vor – etwa in Unternehmen, die persönliches Eigentum sind, dass die Langlebigkeit des Vaters den Sohn in einer untergeordneten Stellung hält. Aber trotz der Entwicklung in jüngster Zeit muss man einräumen, dass während mehrerer tausend Jahre einer patriarchalischen Gesellschaftsordnung ein Konflikt zwischen Vater und Sohn gegeben war, der darauf beruhte, dass der Vater über den Sohn herrschte und der Sohn dagegen rebellierte. Freud sah diesen Konflikt zwischen Vater und Sohn, aber er erkannte ihn nicht als das, was er war, nämlich als ein Merkmal der patriarchalischen Gesellschaft, sondern interpretierte ihn im wesentlichen als eine Folge der sexuellen Rivalität zwischen Vater und Sohn.

Beide Beobachtungen, das nicht-sexuelle Verlangen nach Schutz und Sicherheit, nach paradiesischer Glückseligkeit, und den Konflikt zwischen Vater und Sohn als notwendiges Nebenprodukt der patriarchalischen Gesellschaftsordnung, hat Freud zu einer Einheit kombiniert, in der die Mutterbindung sexueller Natur ist, und in der der Vater daher zu einem Rivalen wird, den man fürchten und hassen muss. Der Hass gegen den Vater auf Grund der sexuellen Rivalität in Bezug auf die Mutter wird oft durch den folgenden Ausspruch kleiner Jungen »belegt«: »Wenn Vater stirbt, dann heirate ich dich, Mama.« Man benutzt diesen Satz dann als Beweis für die mörderischen Impulse und für das Ausmaß der Rivalität zwischen dem kleinen Jungen und dem Vater.

Ich glaube nicht, dass dieser Ausspruch etwas Derartiges beweist. Natürlich hat der kleine Junge Impulse, die darauf hindeuten, dass er so groß sein möchte wie sein Vater und dass er an seiner Stelle der Liebling der Mutter sein möchte. Da aber alle Kinder über vier Jahre, die sich in dem Zwischenstadium befinden, in dem sie nicht mehr ganz Kinder sind, aber auch noch nicht als Erwachsene behandelt werden, den Wunsch haben, groß zu sein wie die Erwachsenen, legt man dem Satz »Wenn Vater stirbt, dann heirate ich dich« allzu großes Gewicht bei, wenn man annimmt, der kleine Junge wünsche wirklich, sein Vater wäre tot. Er hat ja noch gar keine Ahnung, was Tod bedeutet, und er möchte damit nichts weiter sagen als, »ich wollte, Vater wäre nicht da, so dass ich ihre ganze Aufmerksamkeit bekäme«. Wer daraus auf einen tiefen Hass des Sohnes gegen den Vater schließt, der sogar so weit gehen soll, dass der Tod des Vaters gewünscht wird, berücksichtigt nicht die Vorstellungswelt des Kindes und den Unterschied zwischen ihm und einem Erwachsenen.

Wir wollen uns nun dem Ödipusmythos zuwenden, in dem Freud die Bestätigung seiner Theorie von der Tragik der inzestuösen Wünsche des kleinen Jungen und seiner Rivalität mit dem Vater sah. [Vgl. hierzu auch *Märchen, Mythen, Träume*, 1951a, GA IX, S. 273–293.] Freud befasste sich lediglich mit dem ersten Teil von Sophokles' Trilogie, mit *König Ödipus*. In dieser Tragödie erfahren wir, dass ein Orakel dem König Laios von Theben und seiner Gemahlin Jokaste verkündete, wenn ihnen ein Sohn geboren würde, werde dieser seinen Vater töten und die eigene Mutter heiraten. Bei der Geburt ihres Sohnes Ödipus beschließt Jokaste, dem vom Orakel vorausgesagten Schicksal dadurch zu entrinnen, dass sie das Kind tötet. Sie übergibt Ödipus einem Hirten, der es im Wald mit zusammengebundenen Füßen aussetzen soll, so dass es umkommen muss. Aber der Hirte hat Mitleid mit dem Kind und übergibt es einem Mann, der in den Diensten des Königs von Korinth steht und der es seinerseits zu seinem Herrn bringt. Der König nimmt den Knaben an Sohnes Statt an, und der kleine Prinz wächst in Korinth heran, ohne zu wissen, dass er nicht der echte Sohn des Königs von Korinth ist. Das Orakel von Delphi verkündet ihm, es sei sein Schicksal, seinen Vater zu töten und seine Mutter zu heiraten. Er beschließt, diesem Schicksal dadurch zu entgehen, dass er niemals mehr zu seinen vermeintlichen Eltern zurückkehrt. Auf dem Rückweg von Delphi gerät er in einen heftigen Streit mit einem alten, in einem Wagen daherkommenden Mann; er verliert die Selbstbeherrschung und tötet diesen Mann und seinen Diener, ohne zu wissen, dass er seinen Vater, den König von Theben, erschlagen hat.

Auf seiner Wanderschaft gelangt er nach Theben. Dort verschlingt die Sphinx die jungen Männer und Jungfrauen der Stadt und will erst damit aufhören, wenn sich jemand findet, der die richtige Antwort auf ihr Rätsel weiß. Das Rätsel lautet: »Was ist das: Es geht zuerst auf vieren, dann auf zweien und zuletzt auf dreien?« Die Stadt Theben hat versprochen, den, der das Rätsel lösen und so die Stadt von der Sphinx befreien könne, zum König zu machen und ihm die Witwe des Königs zur Gemahlin zu geben. Ödipus unternimmt das Wagnis. Er findet die Antwort für das Rätsel: Es ist *der Mensch*, der als Kind auf allen vieren, als Erwachsener auf zwei Beinen und im Alter auf dreien (mit einem Stock) geht. Die Sphinx stürzt sich ins Meer, die Stadt ist von ihrer Heimsuchung befreit, und Ödipus wird König und heiratet seine Mutter Jokaste.

Nachdem Ödipus eine Zeitlang glücklich regiert hat, wird die Stadt von einer Pest heimgesucht, der viele Bürger zum Opfer fallen. Der Seher Teiresias enthüllt, dass die Pest die Strafe für das von Ödipus begangene zweifache Verbrechen ist, den Vatermord und den Inzest. Ödipus versucht zunächst verzweifelt, die Wahrheit nicht zu sehen, und als er sich gezwungen sieht, sie zu erkennen, blendet er sich selbst, und Jokaste begeht Selbstmord. Die Tragödie endet damit, dass Ödipus die Strafe für ein Verbrechen erleidet, das er unwissentlich und trotz seiner bewussten Bemühungen, es zu vermeiden, beging. War Freuds Annahme gerechtfertigt, dass dieser Mythos seine Ansicht bestätigt, unbewusste inzestuöse Triebe und der daraus entspringende Hass gegen den Vater-Rivalen seien in jedem männlichen Kind zu finden? Es sieht tatsächlich so aus, als ob der Mythos Freuds Theorie bestätigt, dass der Ödipuskomplex seinen Namen zu Recht trägt.

Wenn wir den Mythos jedoch genauer untersuchen, stellen sich Fragen, die Zweifel an der Richtigkeit dieser Auffassung aufkommen lassen. Zunächst fällt uns Folgendes auf: Wenn Freuds Interpretation richtig wäre, so sollten wir erwarten, dass der Mythos uns berichtete, dass Ödipus Jokaste begegnete, ohne zu wissen, dass sie seine Mutter war, dass er sich in sie verliebte und dann – wiederum unwissentlich – seinen Vater tötete. Aber im Mythos weist nichts darauf hin, dass Ödipus sich zu Jokaste hingezogen fühlt oder dass er sich in sie verliebt. Der einzige Grund, der uns für die Heirat von Ödipus und Jokaste angegeben wird, ist der, dass sie sozusagen mit zum Thron gehört. Sollten wir tatsächlich glauben, ein Mythos, dessen zentrales Thema eine inzestuöse Beziehung zwischen Mutter und Sohn ist, würde das Element der Zuneigung zwischen beiden völlig auslassen? Diese Frage erhält umso mehr Gewicht durch die Tatsache, dass in den älteren Versionen des Orakels die Prophezeiung der Heirat mit der Mutter nur in einem Fall, nämlich in der Version des Nikolaus von Damaskus, erwähnt wird, die nach Carl Robert auf eine relativ späte Quelle zurückgeht. (Vgl. C. Robert, 1915.)

Aufgrund dieser Frage könnten wir die Hypothese aufstellen, dass der Mythos nicht als Symbol der inzestuösen Liebe zwischen Mutter und Sohn zu verstehen ist, sondern als Symbol der Rebellion des Sohnes gegen die Autorität des Vaters in der patriarchalischen Familie; dass die Heirat des Ödipus und der Jokaste nur ein sekundäres Element und nur eines der Symbole für den Sieg des Sohnes ist, der den Platz des Vaters mit allen seinen Privilegien einnimmt.

Wenn wir nur an *König Ödipus* denken, bleibt diese Hypothese bestenfalls eine Hypothese, doch können wir ihre Gültigkeit beurteilen, wenn wir den gesamten Ödipusmythos in Betracht ziehen, besonders in der Form, wie ihn Sophokles in den beiden anderen Teilen seiner Trilogie, in *Ödipus auf Kolonos* und *Antigone* darbietet.[2] Diese Prüfung führt uns zu einem ziemlich anderen und neuen

2 Wenn auch die Trilogie tatsächlich nicht in dieser Reihenfolge geschrieben ist und einige Gelehrte vielleicht mit ihrer Annahme Recht haben, dass Sophokles die drei Tragödien gar nicht als Trilogie geplant hatte, muss man doch alle drei als ein

Verständnis des Materials, in dessen Mittelpunkt der Kampf des Patriarchats mit dem Matriarchat steht.

In *Ödipus auf Kolonos* finden wir den von seinem Schwager Kreon verbannten Ödipus in Begleitung seiner Töchter Antigone und Ismene, während seine Söhne Eteokles und Polyneikes sich weigern, ihrem blinden Vater beizustehen. Diese beiden haben um den Thron des verbannten Vaters gekämpft. Eteokles hat gewonnen, aber Polyneikes, der nicht nachgeben wollte, versuchte die Stadt mit fremder Hilfe zu erobern und seinem Bruder die Macht zu entreißen.

Wir sahen, dass das eine Thema der Trilogie der Hass zwischen Vater und Sohn in einer patriarchalischen Gesellschaft ist. Betrachten wir jedoch die gesamte Trilogie, so entdecken wir, dass es Sophokles darin um den Konflikt zwischen der patriarchalischen und der älteren matriarchalischen Welt geht. In der patriarchalischen Welt kämpfen die Söhne gegen ihren Vater und gegeneinander, und der Sieger ist Kreon, der Prototyp eines faschistischen Herrschers. Ödipus dagegen wird nicht von seinen Söhnen, sondern von seinen Töchtern begleitet. Sie sind es, auf die er sich verlässt, während er zu den Söhnen in einer Beziehung gegenseitigen Hasses steht. Historisch gesehen gibt uns der ursprüngliche Ödipusmythos mit seinen verschiedenen in Griechenland existierenden Versionen, auf die Sophokles seine Tragödie aufbaute, einen wichtigen Anhaltspunkt. In den verschiedenen Formulierungen des Mythos stand die Gestalt des Ödipus stets in Beziehung zum Kult der Erdgöttinnen, der Vertreterinnen einer matriarchalischen Religion. In fast allen Versionen dieses Mythos, von den Teilen, die sich mit der Aussetzung des Kindes befassen, bis zu denen, in deren Mittelpunkt der Tod des Ödipus steht, sind Spuren dieses Zusammenhanges zu erkennen. (Vgl. F. W. Schneidewin, 1852, S. 192.) So besaß zum Beispiel Eteonos, die einzige böotische Stadt, die einen Kultschrein des Ödipus besaß und wo der gesamte Mythos wahrscheinlich seinen Ursprung hatte,

Ganzes interpretieren. Es ist wenig sinnvoll anzunehmen, dass Sophokles das Schicksal des Ödipus und seiner Kinder in drei Tragödien behandelt hat, ohne einen inneren Zusammenhang des Ganzen im Sinn zu haben.

auch ein Heiligtum der Erdgöttin Demeter. (Vgl. C. Robert, 1915, S. 1 ff.) In Kolonos (in der Nähe von Athen), wo Ödipus seine letzte Ruhestätte findet, befand sich ein altes Heiligtum der Demeter und der Erynnien, das vermutlich bereits vor der Entstehung des Ödipusmythos existierte. (Vgl. C. Robert, 1915, S. 21.) Wie wir noch sehen werden, hat Sophokles diesen Zusammenhang zwischen Ödipus und den chthonischen Gottheiten in *Ödipus auf Kolonos* nachdrücklich hervorgehoben.

Ödipus' Rückkehr in den Hain der Göttinnen ist zwar der wichtigste, aber keineswegs der einzige Schlüssel zum Verständnis seiner Position als Vertreter der matriarchalischen Ordnung. Wir finden bei Sophokles noch eine weitere Anspielung auf das Matriarchat, wenn Ödipus beim Lob seiner Töchter auf das ägyptische Matriarchat hinweist (Sophokles bezieht sich hier vermutlich auf eine Stelle bei Herodot, II, 35):

> O diese Knaben! Die ein Leben führen,
> Ganz wie es in Ägypten Sitte ist.
> Dort bleibt der Mann zu Haus und sitzt am Webstuhl,
> Indes das Weib das Haus verlässt und draußen
> des Lebens Notdurft mühevoll erringt.
> So hüten jene, deren Pflicht es wäre,
> Für mich zu sorgen, Mädchen gleich das Haus;
> Ihr aber teilt statt ihrer meine Not
> Und ladet meines Lebens Last auf euch.
> (*Sophokles*, 1957, S. 405.)

In ähnlichem Sinn äußert sich Ödipus, als er seine Töchter mit seinen Söhnen vergleicht und von Antigone und Ismene sagt:

> Nur diese schwachen Mädchen gaben mir,
> Soweit die Kraft reicht', was mein Leib bedurfte,
> Ein leidlich Obdach, eine sichere Bleibe.
> Indes die Söhne zogen ihrem Vater

> das Zepter vor und ihre Herrschermacht.
> Doch nimmer werde ich ihr Kampfgenoss,
> Noch sollen sie der väterlichen Herrschaft
> Sich je erfreuen (…).
> (*Sophokles*, 1957, S. 409.)

In *Antigone* findet der Konflikt zwischen dem patriarchalischen und dem matriarchalischen Prinzip seinen radikalsten Ausdruck. Der harte, autoritäre Kreon hat sich zum Tyrannen von Theben gemacht, Ödipus' beide Söhne sind gefallen, der eine, als er die Stadt angriff, um die Macht an sich zu reißen, der andere, während er sie verteidigte. Kreon hat befohlen, den Leichnam des legitimen Königs zu begraben und den des Angreifers unbeerdigt zu lassen – die größte Demütigung und Entehrung, die man einem Menschen nach griechischer Sitte antun konnte. Das von Kreon verkörperte Prinzip ist, dass das Gesetz des Staates vor den Banden des Blutes und der Gehorsam gegenüber der Autorität vor dem natürlichen Gebot der Humanität den Vorrang hat. Antigone weigert sich, das Gesetz des Blutes und der Solidarität aller menschlichen Wesen um eines autoritären, hierarchischen Prinzips willen zu verletzen. Sie tritt ein für die Freiheit und das Glück der Menschen, dem die Willkür der Männer entgegensteht. Hierzu sagt der Chor: »Ungeheuer ist viel, doch nichts ungeheurer als der Mensch.« (Sophokles, 1957, S. 275.) Ismene hat im Gegensatz zu ihrer Schwester das Gefühl, dass die Frau vor der Macht des Mannes kapitulieren muss. Antigone widersetzt sich dem Prinzip des Patriarchats. Sie folgt dem Gesetz der Natur und bekennt sich zum Prinzip der Gleichheit und der allumfassenden mütterlichen Liebe, wenn sie sagt: »Nein! Hass nicht, Liebe ist der Frau Natur.« (Sophokles, 1957, S. 281.) Kreon, der sich in seiner männlichen Herrschaft angegriffen fühlt, sagt dazu:

> Ich wär nicht mehr der Mann, der Mann wär sie,
> Wenn solche Tat ihr ungeahndet bliebe
> (*Sophokles*, 1957, S. 280.)

und zu seinem Sohn Haimon, der Antigone liebt, sagt er:

> So ist es recht, mein Sohn, das halte fest,
> Dass du den Vater höher stellst als alles

und er fährt fort:

> Kein größer Übel als Zuchtlosigkeit!
> Städte zerstört, Häuser verwüstet sie,
> Löst auf der Bündner Schar. Doch festen Reihen
> Rettet Gehorsam meistens Leib und Leben.
> Drum gilt es einzutreten für die Ordnung
> Und niemals eines Weibes Knecht zu sein.
> Besser der Tod durch Manneshand!
> Doch nie darf man sich Weibersklave schimpfen lassen.
> (*Sophokles*, 1957, S. 187.)

Der Konflikt zwischen dem patriarchalischen Kreon und Haimon, dem Rebellen gegen das Patriarchat und dem Verteidiger der Gleichwertigkeit der Frau, erreicht seinen Höhepunkt, als Haimon auf die Frage seines Vaters: »Für wen sonst als für mich soll ich das Land regieren?« (Sophokles, 1974, S. 37) die Antwort gibt: »Das ist kein Staat, der einem nur gehört. (...) Schön herrschtest du für dich allein im leeren Land!« (Sophokles, 1974, S. 37.) Kreons Antwort lautet: »Der Mensch da, scheint es, hält es mit dem Weibe!«, und Haimon weist ihn auf die Macht der matriarchalischen Gottheiten hin, als er den Vorwurf Kreons: »Sprichst du dies alles doch nur ihr zuliebe« (Sophokles, 1974, S. 38) mit den Worten zurückweist: »Und dir wie mir und auch den Göttern drunten.« (Die Götter drunten sind die Muttergöttinnen.) Schließlich kommt der Konflikt zu seinem Ende. Kreon lässt Antigone lebendig in einer Gruft begraben – auch das ein symbolischer Ausdruck für ihre Verbindung mit den Göttinnen der Erde. Durch die Warnung des Sehers Teiresias gerät Kreon schließlich in panische Angst und versucht vergeblich,

Antigone noch zu retten. Haimon versucht, seinen Vater zu töten, und als ihm das misslingt, nimmt er sich selbst das Leben. Kreons Gemahlin Eurydike tötet sich selbst, als sie das Schicksal ihres Sohnes erfährt. Sie verflucht ihren Gatten als den Mörder ihrer Kinder. In physischer Hinsicht ist Kreon Sieger geblieben. Er hat seinen Sohn und die Frau getötet, die Haimon liebte, auch seine eigene Gattin ist tot, aber moralisch ist er völlig gescheitert, und er gibt es am Ende auch zu:

> O weh! Diese Tat nimmt kein Mensch mir ab.
> Es bleibt meine Schuld, es ist meine Tat!
> Denn ich, armer Sohn, ich war's, der dich schlug.
> Ja ich! Laut bekenn ich's. Kommt Diener, kommt!
> Führt schnell mich davon! Ja führt schnell mich fort,
> Den Mann, der vernichtet, mehr als ein Nichts (…)
>
> So führt denn hinweg den unselgen Mann,
> Der dich, liebes Kind, erschlug willenlos,
> Und dann dich, du Arme. Weiß nicht, wohin
> Ich schaun soll, wohin ich gehn soll? Wohin?
> Es wankt alles mir, es traf mich aufs Haupt
> Ein Schlag, Schicksalsschlag so hart, furchtbar hart.
> (Sophokles, 1957, S. 310 f.)

Wenn wir uns die ganze Trilogie noch einmal ansehen, müssen wir zu dem Schluss kommen, dass der Inzest nicht das Hauptthema, ja nicht einmal ein wesentliches Thema von Sophokles' Trilogie ist. Es könnte dieser Eindruck entstehen, wenn wir nur *König Ödipus* lesen (und wie viele, die redegewandt über den Ödipuskomplex sprechen, haben tatsächlich die ganze Trilogie gelesen?). Wenn wir jedoch die gesamte Trilogie betrachten, dann wird deutlich, dass sich die Trilogie mit dem Konflikt zwischen dem matriarchalischen Prinzip der Gleichheit und Demokratie, wie es Ödipus verkörpert, und dem Prinzip der patriarchalischen Diktatur von »Gesetz und

Ordnung«, das Kreon repräsentiert, befasst. Während machtmäßig das Patriarchat Sieger bleibt, erleiden seine Prinzipien doch im Zusammenbruch Kreons eine Niederlage, als dieser erkennt, dass er nichts erreicht hat als den Tod. (Was Sophokles betrifft, so protestiert er gegen die Verleugnung der älteren religiösen Tradition, die ihren Höhepunkt in den Lehren der Sophisten erreichte. In seinen Argumenten gegen diese brachte er die alten religiösen (matriarchalischen) Überlieferungen mit ihrer Betonung von Liebe, Gleichheit und Gerechtigkeit erneut zum Ausdruck.)

c) Die Übertragung

Einer der entscheidenden Begriffe in Freuds System ist der der Übertragung. Er ist das Ergebnis seiner klinischen Beobachtungen. Freud stellte fest, dass die Analysanden während der Behandlung eine sehr starke Bindung an die Person des Analytikers entwickeln, die sehr komplexer Art ist. Es handelt sich um eine Mischung aus Liebe, Bewunderung und Anhänglichkeit, während es sich bei der sogenannten »negativen Übertragung« um eine Mischung aus Hass, Opposition und Aggression handelt. Wenn der Analytiker und der Analysand verschiedenen Geschlechts sind, liegt es nahe, das Wesen der Übertragung darin zu sehen, dass der Analysand sich in den Analytiker verliebt (im Fall eines homosexuellen Analysanden würde das gleiche geschehen, wenn der Analytiker vom gleichen Geschlecht ist).

Der Analytiker wird zum Gegenstand der Liebe, der Bewunderung und Abhängigkeit sowie einer intensiven Eifersucht, wo immer ein möglicher Rivale auftaucht. Mit anderen Worten, der Analysand benimmt sich genau wie jemand, der sich in den Analytiker verliebt hat. Was diese Übertragung besonders interessant macht, ist die Tatsache, dass sie aus der Situation erwächst und nicht von den Eigenschaften des Analytikers abhängt. Ein Analytiker kann noch so dumm oder unattraktiv sein – er wird diese Wirkung auf einen sonst intelligenten Menschen immer haben, der ihm keinen Blick schenken würde, wenn er nicht sein Analytiker wäre.

Eine solche Übertragung kann man zwar in Bezug auf viele Ärzte finden, doch war Freud der erste, der dieser besonderen Erscheinung volle Aufmerksamkeit schenkte und ihr Wesen analysierte. Er kam zu dem Schluss, dass der Analysand im analytischen Prozess viele Gefühle entwickelt, die er als Kind seinen Eltern gegenüber empfunden hat. Freud erklärte das Phänomen der liebevollen (oder feindseligen) Bindung an die Figur des Analytikers als eine Wiederholung der früheren Bindung an den eigenen Vater oder die Mutter. Anders gesagt: Er war der Meinung, dass die Gefühle gegenüber dem Analytiker vom ursprünglichen Objekt auf die Person des Analytikers »übertragen« werden. Nach Freuds Ansicht macht es eine solche Übertragung möglich, zu erkennen – oder zu rekonstruieren –, welche Haltung das Kind zu seinen Eltern eingenommen hatte. Das Kind im Analysanden erlebt seine Gefühle so intensiv, dass es für den Analysanden oft schwer ist zu erkennen, dass er nicht die reale Person des Analytikers liebt (oder hasst), sondern seine Eltern, die durch den Analytiker repräsentiert werden.

An sich war diese Entdeckung eine von Freuds großartigen originellen Erkenntnissen. Vor Freud hatte sich noch niemand die Mühe gemacht, die affektive Einstellung des Patienten zu seinem Arzt zu erforschen. Gewöhnlich nahmen die Ärzte die Tatsache, dass ihr Patient sie »vergötterte«, mit großer Befriedigung hin, und wenn er es nicht tat, dann lehnten sie ihn als »schlechten Patienten« ab. In der Tat führt die Übertragung zu einer Berufskrankheit der Analytiker, indem sie sie nämlich in ihrem Narzissmus bestätigt. Sie genießen die liebevolle Bewunderung ihrer Analysanden ohne Rücksicht darauf, wieweit sie sie verdienen. Es ist Freuds Genialität zuzuschreiben, dass er dieses Phänomen beobachtete und es nicht als Ausdruck wohlverdienter Bewunderung interpretierte, sondern als die Bewunderung des Kindes für seine Eltern.

Dem Zustandekommen der Übertragung in der analytischen Situation diente auch eine spezielle Einrichtung, die Freud bei seiner

Arbeit anwandte. Der Analysand lag auf der Couch, während der Analytiker für den Analysanden unsichtbar, hinter ihm saß, meistens zuhörte und nur von Zeit zu Zeit etwas interpretierte. Freud hat einmal geäußert, was sein wirkliches Motiv für diese Einrichtung war: Er konnte es nämlich nicht ertragen, von anderen Menschen täglich stundenlang angestarrt zu werden. Als zusätzlichen Grund geben die Psychoanalytiker an, dass der Analytiker für den Analysanden ein unbeschriebenes Blatt Papier sein sollte, so dass alle Reaktionen auf den Analytiker als Ausdruck der Übertragung und nicht als Ausdruck der Gefühle des Betreffenden für die Person des Analytikers gewertet werden konnten. Natürlich ist diese Überlegung eine reine Illusion. Wenn man jemanden nur anschaut, wenn man fühlt, wie er einem die Hand gibt, wenn man seine Stimme hört und seine ganze Haltung wahrnimmt, wenn er mit einem spricht, dann ist das bereits eine Menge Material, das einem viel über den Analytiker mitteilt, und die Idee, dieser bliebe dem Analysanden so unbekannt, wie er für ihn unsichtbar ist, ist recht naiv.

Eine kurze Kritik der technischen Anordnung scheint mir angebracht. Die ganze Konstellation des schweigenden, angeblich unbekannten Analytikers, der noch nicht einmal eine Frage beantworten soll, und die Tatsache, dass er hinter dem Analysanden sitzt (dass dieser sich umdreht und den Analytiker direkt ansieht, ist praktisch tabu)[3], führt tatsächlich dazu, dass der Analysand sich in der Analysestunde wie ein kleines Kind vorkommt. Wo sonst kommt auch

3 Einige meiner Lehrer am Berliner Institut hielten zuweilen ein kurzes Schläfchen während der Analysestunde und gaben auch offen zu, dass sie eingenickt waren. Andere behaupteten, sie hätten dabei vom Analysanden geträumt und dass ihnen dies mehr Einsichten vermittelt habe, als wenn sie ihm zugehört hätten. Natürlich war es hinderlich, wenn einer die Angewohnheit hatte zu schnarchen, was viele davon abhielt, ein solches Schläfchen zu halten. Solche Schläfchen mussten sich notgedrungen einstellen. Ich weiß aus eigener Erfahrung aus den Jahren, in denen ich nach der Freudschen Technik analysierte, wie unwiderstehlich müde ich wurde, wenn ich hinter dem Analysanden saß und ohne Kontakt mit ihm das eintönige Gemurmel anhören musste, ohne mich einmischen zu dürfen. Tatsächlich war es diese Langeweile, die mir die Situation so unerträglich machte, dass ich daranging, meine Technik zu ändern.

jemals ein erwachsener Mensch in eine solche Lage vollkommener Passivität, in der alle Vorrechte auf Seiten des Analytikers sind und in der der Analysand seine intimsten Gedanken und Gefühle einem Phantom anvertrauen muss – und dies nicht freiwillig, sondern aus einer moralischen Verpflichtung heraus, auf die er eingegangen ist, als er sich einverstanden erklärte, eine Analyse zu machen. Von Freuds Standpunkt aus ist es dem Patienten nur nützlich, wenn er auf diese Weise wieder zum Kind gemacht wird, da ja die Hauptabsicht darin besteht, seine frühe Kindheit aufzudecken oder zu rekonstruieren.

Ein Haupteinwand dagegen, dass der Patient während der Sitzung wieder zum Kind gemacht wird, besteht darin, dass der Erwachsene damit sozusagen aus dem Bild entfernt wird und der Analysand zwar seine Gedanken und Gefühle äußert, die er als Kind hatte, sich aber nicht mit dem Erwachsenen in sich beschäftigt, der die Fähigkeit hätte, vom Standpunkt des Erwachsenen aus mit der Kind-Person in Beziehung zu treten. Mit anderen Worten, er fühlt kaum etwas von dem Konflikt zwischen seinem infantilen und seinem erwachsenen Selbst, aber gerade dieser Konflikt ist es, der eine Besserung oder Veränderung herbeiführt. Wenn nur die Stimme des Kindes zu hören ist, wer sonst kann ihr dann widersprechen, ihr antworten, sie im Zaum halten, als die Stimme des Erwachsenen, die dem Analysanden ebenfalls zur Verfügung steht? Wenn ich hier die Übertragung diskutiere, so geht es mir nicht um eine immanente Kritik vom therapeutischen Standpunkt aus (das gehört in eine Diskussion der psychoanalytischen Technik). Ich möchte vielmehr darauf hinweisen, wie Freud seine klinischen Erfahrungen mit der Übertragung dadurch beeinträchtigt hat, dass er erklärte, die dafür kennzeichnenden Gefühle und Einstellungen würden aus der frühen Kindheit auf die analytische Situation übertragen.

Wenn wir diese Erklärung beiseitelassen, sehen wir, dass Freud auf ein Phänomen stieß, das von weit größerer Bedeutung ist, als er selbst dachte. Das Übertragungsphänomen, die freiwillige Abhängigkeit eines Menschen von anderen Autoritätspersonen, eine Situation, in der sich der Einzelne hilflos fühlt und das Bedürfnis nach einem Führer hat, der über mehr Autorität verfügt, dem er sich bereitwillig unterordnet, ist nämlich eines der häufigsten und wichtigsten Phänomene im gesellschaftlichen Leben, das weit über die individuelle Familie und die analytische Situation hinausreicht. Jeder, der die Augen aufmacht, kann erkennen, welche ungeheure Rolle die Übertragung im gesellschaftlichen, politischen und religiösen Leben spielt. Man braucht sich nur einmal die Gesichter in einer Menge anzuschauen, die einem charismatischen Führer wie Hitler oder de Gaulle zujubelt, und man wird den gleichen Ausdruck von blinder Ehrfurcht, Vergötterung und Zuneigung finden, der die sonst so gelangweilten Gesichter in die von leidenschaftlichen Gläubigen verwandelt. Es muss sich dabei nicht einmal um die Stimme oder das Format eines de Gaulle oder um die Eindringlichkeit eines Hitlers handeln. Wenn man sich die Gesichter der Leute ansieht, die in den Vereinigten Staaten zum Beispiel zu einem Präsidentschaftskandidaten oder gar zum Präsidenten selbst aufschauen, so wird man den gleichen besonderen Gesichtsausdruck bei ihnen feststellen. Fast könnte man diesen Gesichtsausdruck als religiös bezeichnen. Wie bei der psychoanalytischen Übertragung hat das so gut wie nichts mit den realen menschlichen Eigenschaften der bewunderten Person zu tun. Das Amt selbst oder auch nur die Uniform machen den Betreffenden »anbetungswürdig«.

Unser gesamtes Gesellschaftssystem beruht auf der außergewöhnlichen Wirkung von Menschen, die diese Ausstrahlung in größerem oder geringerem Maße besitzen. Die Übertragung in der analytischen Situation und die Verehrung des Führers im Leben der Erwachsenen unterscheiden sich nicht voneinander: Sie beruhen beide auf dem Gefühl der Hilflosigkeit und Ohnmacht des Kindes, die zu seiner Abhängigkeit von den Eltern oder – in der Übertragungssituation – zur Abhängigkeit vom Analytiker als einem Elternersatz führt. Wer könnte auch bestreiten, dass das Kleinkind keinen Tag am Leben bleiben könnte, ohne dass es von der Mutter oder einem Mutterersatz umsorgt, gefüttert und beschützt wird. Welche narzisstischen Illusionen das Kind auch immer haben mag, Tatsache bleibt doch, dass es in Bezug auf seine Gesamtsituation in der Welt hilflos ist und sich daher nach einem Helfer sehnt. Was man oft übersieht, ist aber die Tatsache, dass auch der Erwachsene hilflos ist. Der Erwachsene weiß sich in vielen Situationen, die ein Kind nicht bewältigen könnte, zu helfen, doch ist auch er letzten Endes äußerst hilflos. Er sieht sich mit natürlichen und gesellschaftlichen Kräften konfrontiert, die so überwältigend sind, dass er in vielen Fällen ihnen gegenüber genauso hilflos ist wie das Kind in seiner Welt. Natürlich hat er gelernt, sich auf mancherlei Weise zu wehren. Er kann Bindungen mit anderen eingehen, so dass er besser gerüstet ist, den Anfeindungen und Gefahren zu widerstehen, aber all das ändert nichts an der Tatsache, dass er im Kampf gegen die natürlichen Gefahren und gegen besser ausgerüstete und mächtigere soziale Klassen und Nationen, wie auch gegen Krankheit und letzten Endes gegen den Tod hilflos bleibt. Es stehen ihm bessere Mittel zu seiner Verteidigung zur Verfügung, aber er ist sich auch der Gefahren stärker bewusst als das Kind. Hieraus folgt, dass der angebliche Kontrast zwischen dem hilflosen Kind und dem mächtigen Erwachsenen weitgehend eine Fiktion ist.

Auch der Erwachsene ist hilflos und sehnt sich genau wie das Kind nach jemandem, bei dem er sich sicher und außer Gefahr fühlen kann, und er ist aus diesem Grund bereit und willig, Gestalten zu verehren, in denen er einen Heiland und Helfer sehen kann, selbst wenn es sich in Wirklichkeit um Halbverrückte handelt. Die gesellschaftliche Übertragung, die aus dem gleichen Gefühl der Hilflosigkeit entspringt wie die psychoanalytische Übertragung, ist eines der wichtigsten gesellschaftlichen Phänomene. Als Freud in der psychoanalytischen Situation die Übertragung entdeckte, machte er eine Entdeckung von universaler Bedeutung, deren Wichtigkeit er aber auf Grund seiner Prämissen nicht voll einschätzen konnte.

Diese Erörterung der Übertragung bedarf noch einer zusätzlichen Bemerkung. Selbst wenn der Mensch nicht nur als Kind, sondern auch als Erwachsener hilflos ist, so kann der Erwachsene doch seine Hilflosigkeit in einer vernünftig organisierten Gesellschaft überwinden, einer Gesellschaft, die dem Menschen nicht den Kopf verwirrt, um ihn über seine wirkliche Lage hinwegzutäuschen – in einer Gesellschaft, die seine Unabhängigkeit und seine Vernunft fördert, anstatt sie zu behindern. Das Gefühl der Hilflosigkeit wird dann verschwinden, und mit ihm das Bedürfnis nach gesellschaftlicher Übertragung. Eine Gesellschaft, deren Mitglieder hilflos sind, braucht Idole. Dies kann nur in dem Maß überwunden werden, als der Mensch sich seiner wirklichen Situation und seiner eigenen Kräfte voll bewusst wird. Auch die Einsicht, dass er schließlich sterben muss, braucht ihm kein Gefühl der Hilflosigkeit zu geben, weil auch dieses Wissen ein Stück Realität ist, mit der er sich auseinandersetzen muss. Wenn man das gleiche Prinzip auf die analytische Situation anwendet, so meine ich, dass der Analytiker es dem Patienten erleichtert, seine hilflose Haltung aufzugeben und es mit der Wirklichkeit aufzunehmen, wenn er ihm real gegenübertritt.

Ist es aber nicht wünschenswert oder gar notwendig, dass der Patient in der analytischen Situation auf den Zustand eines Kindes regrediert, um jene Wünsche und Ängste ausdrücken zu können, die er verdrängen musste, um als Erwachsener akzeptiert zu werden? Dies ist wahr, aber nur mit einer wichtigen Einschränkung. Würde der Analysand während der Analysestunde ganz und gar zu einem Kind, dann würden ihm die Urteilsfähigkeit und die Unabhängigkeit fehlen, die er benötigt, um die Bedeutung seiner Worte zu verstehen. Der Analysand schwankt aber während der analytischen Sitzung ständig zwischen seiner kindlichen und seiner erwachsenen Existenz hin und her. Und genau dieser Prozess ist es, der die analytische Prozedur so wirksam macht.

d) Der Narzissmus

Mit dem Begriff des Narzissmus hat Freud einen ganz wichtigen Beitrag zum Verständnis des Menschen geleistet. Grundsätzlich postulierte Freud, dass der Mensch sich auf zwei entgegengesetzte

Weisen orientieren kann: Sein Hauptinteresse, seine Liebe, das, was ihm am Herzen liegt, oder wie Freud es nennt, seine Libido (seine sexuelle Energie) kann sich auf ihn selbst oder auf die Außenwelt richten, auf Menschen, auf Ideen, auf die Natur und auf vom Menschen hergestellte Dinge.

Auf einer Tagung der Wiener Psychoanalytischen Gesellschaft im Jahre 1909 erklärte Freud, der Narzissmus sei ein notwendiges Zwischenstadium zwischen der Autoerotik und der »Objekt-Liebe«. Die erste eingehende Diskussion über den Narzissmus findet sich in seiner Abhandlung *Zur Einführung des Narzissmus* (S. Freud, 1914c; vgl. die editorischen Vorbemerkungen in S. Freud, Stud., Band 3, S. 39 f.). Freud sah damals im Narzissmus nicht mehr primär eine sexuelle Perversion, die sexuelle Liebe zum eigenen Körper, wie das Paul Näcke tat, der den Begriff 1899 eingeführt hatte, sondern eine Ergänzung des Selbsterhaltungstriebes.

Freuds wichtigster Beweis für die Existenz des Narzissmus stammte aus der Analyse der Schizophrenie. Schizophrene Patienten zeichneten sich durch zwei Merkmale aus: durch ihre Megalomanie und durch die Abkehr ihrer Interessen von der Außenwelt – von Menschen sowie von Dingen. Das von anderen abgezogene Interesse richteten sie auf die eigene Person und entwickelten so eine Megalomanie: Sie betrachteten sich selbst als allwissend und allmächtig.

Diese Auffassung von Psychose als einem Zustand von extremem Narzissmus war die eine Grundlage für die Auffassung vom Narzissmus. Die andere Grundlage war die normale Entwicklung des Kleinkindes. Freud nahm an, dass sich das Kind im Augenblick seiner Geburt noch genauso wie zuvor in seinem intrauterinen Dasein in einem vollkommen narzisstischen Zustand befinde. Allmählich lernt es dann, sich für Menschen und Dinge zu interessieren. Diese »ursprüngliche Libidobesetzung des Ich« verbleibt grundsätzlich und verhält sich »wie der Körper eines Protoplasmatierchens zu den von ihm ausgeschickten Pseudopodien« (S. Freud, 1914c, S. 141). Später revidierte Freud einige dieser Ansichten.

Worin lag die Bedeutung von Freuds Entdeckung des Narzissmus? Sie erklärt einerseits das Wesen der Psychose, zeigt aber andererseits, dass der gleiche Narzissmus nicht nur im Kind, sondern auch im durchschnittlichen Erwachsenen vorhanden ist. Der »normale Mensch« hat also in geringerem oder stärkerem Ausmaß ebenfalls die Einstellung, die in quantitativ stärkerer Ausprägung die Psychose ausmacht.

Wodurch hat Freud nun aber diese Vorstellungen eingeschränkt? Dadurch, dass er sie – wie er das mit so vielen anderen Begriffen gemacht hat – in den Rahmen seiner Libidotheorie hineinzwängte. Die im Ich lokalisierte Libido, die gelegentlich ausgesandt wird, um andere Objekte zu berühren, kehrt unter bestimmten Voraussetzungen, wie zum Beispiel bei körperlichen Schmerzen oder beim Verlust eines »libidinös besetzten Objekts« ins Ich zurück. Narzissmus bedeutete im wesentlichen eine Richtungsänderung innerhalb des »Libidohaushaltes«.

Wäre Freud nicht der Gefangene seiner eigenen Auffassung vom »psychischen Apparat«, einer angeblich wissenschaftlichen Version der menschlichen Struktur, so hätte er die Bedeutung seiner Entdeckung in vieler Hinsicht noch erweitern können.

Erstens hätte er noch stärker, als er es getan hat, auf die Rolle hinweisen können, die der Narzissmus in Bezug auf das Überleben spielt. Während vom Gesichtspunkt der menschlichen Werte aus eine möglichst starke Reduzierung des Narzissmus wünschenswert ist, ist dieser, vom Standpunkt des biologischen Überlebens aus gesehen, ein normales und wünschenswertes Phänomen. Wie könnte der Mensch überleben, wenn er nicht seine eigenen Ziele und Bedürfnisse über die der anderen stellte? Es würden ihm dann die energetischen Eigenschaften des Egoismus fehlen, die es ihm ermöglichen, sein Leben zu erhalten. Das biologische Interesse am Überleben der Rasse erfordert ein gewisses Maß an Narzissmus bei ihren Mitgliedern; das ethisch-religiöse Ziel des Individuums ist dagegen die möglichst weitgehende Einschränkung des Narzissmus.

Noch wesentlicher aber ist, dass es Freud nicht gelang, den Narzissmus als den Gegenpol der Liebe zu definieren. Er konnte dies nicht, weil – wie bereits festgestellt – die Liebe für ihn nur als Bindung des Mannes an die ihn nährende Frau existierte. Nach Freud verleiht es dem Mann Kraft, wenn er von der von ihm eroberten Frau *geliebt wird*, aktiv zu lieben dagegen schwächt ihn.

Dies kommt sehr deutlich darin zum Ausdruck, wie er Goethes *West-östlichen Divan* missverstanden hat. Freud schreibt (1916–17, S. 433 f.): »Ich denke, Sie werden es als Erholung empfinden, wenn ich Ihnen nach der im Grunde trockenen Phantastik der Wissenschaft eine poetische Darstellung des ökonomischen Gegensatzes von Narzissmus und Verliebtheit vorlege. Ich entnehme sie dem *West-östlichen Divan* Goethes:

> *Suleika:* Volk und Knecht und Überwinder
> Sie gestehn zu jeder Zeit:
> Höchstes Glück der Erdenkinder
> Sei nur die Persönlichkeit.
>
> Jedes Leben sei zu führen,
> Wenn man sich nicht selbst vermisst;
> Alles könne man verlieren,
> Wenn man bliebe, was man ist.
>
> *Hatem:* Kann wohl sein! So wird gemeinet;
> Doch ich bin auf andrer Spur:
> Alles Erdenglück vereinet
> Find' ich in Suleika nur.
>
> Wie sie sich an mich verschwendet,
> Bin ich mir ein wertes Ich;
> Hätte sie sich weggewendet,
> Augenblicks verlör ich mich.
>
> Nun mit Hatem wär's zu Ende;
> Doch schon hab' ich umgetost;

Ich verkörpere mich behende
In den Holden, den sie kost.

Goethes Bild vom Menschen, der bleibt, »was man ist«, wird von Freud dahingehend missverstanden, dass es den narzisstischen Menschen zeige, während es sich für Goethe natürlich um den reifen, unabhängigen Menschen in seiner Integrität handelt. Der zweite Teil des Gedichts soll nach Freud den Verliebten darstellen, während Goethe damit den abhängigen Menschen meint, dem ein starkes Selbst abgeht und der sich in der Person, die er liebt, auflöst.

Während nach Freud die Liebe des Mannes »anaklitisch« ist, das heißt die Person, die ihn nährt, zum Objekt hat, ist für ihn die Liebe der Frau narzisstisch. Frauen können nur sich selber lieben und können an der großen Leistung der Männer nicht teilhaben: die Hand zu lieben, die sie nährt. Freud merkte nicht, dass die Frauen aus seiner Gesellschaftsklasse in der Regel frigid waren, eben weil die Männer sie frigide haben wollten, weil sie sich so verhalten sollten, als ob sie ihr Eigentum wären, und weil sie ihnen nicht einmal im Bett »eine separate, aber gleichwertige« Rolle zubilligten. Der bürgerliche Mann bekam die Frau, wie er sie sich vorstellte, und er rationalisierte seine Überlegenheit damit, dass er glaubte, diese entstellte – durch ihn entstellte – Frau verlange nichts weiter als ernährt und versorgt zu werden. Es ist dies natürlich eine typisch männliche Propaganda im Krieg der Geschlechter, genau wie die Behauptung, dass die Frauen weniger realistisch eingestellt und weniger mutig seien als die Männer. Tatsächlich aber wird diese verrückte Welt, die in immer neue Katastrophen hineinrennt, von Männern beherrscht. Was aber den Mut betrifft, so weiß jeder, dass eine kranke Frau mit den damit verbundenen Schwierigkeiten weit besser fertig wird als ein kranker Mann, der nach seiner Mutter verlangt. Was den Narzissmus angeht, so sehen die Frauen sich gezwungen, sich attraktiv darzubieten, weil sie auf dem Sklavenmarkt ausgestellt werden; wenn sie aber lieben, dann lieben sie tiefer und verlässlicher als die Männer, die umherschweifen und ihren Narzissmus mit ihrem Penis zu befriedigen suchen, auf den sie so stolz sind.

Als Freud dieses entstellte Bild der Frau präsentierte, konnte selbst er nicht umhin, sich zu überlegen, ob er dabei auch ganz objektiv gewesen sei. Aber er verscheuchte elegant jeden Zweifel:

> Vielleicht ist es nicht überflüssig, zu versichern, dass mir bei dieser Schilderung des weiblichen Liebeslebens jede Tendenz zur Herabsetzung des Weibes fernliegt. Abgesehen davon, dass mir Tendenzen überhaupt fernliegen, ich weiß auch, dass diese Ausbildungen nach verschiedenen Richtungen der Differenzierung von Funktionen in einem höchst komplizierten biologischen Zusammenhang entsprechen; ich bin ferner bereit zuzugestehen, dass es unbestimmt viele Frauen gibt, die nach dem männlichen Typus lieben und auch die dazugehörige Sexualüberschätzung entfalten. (S. Freud, 1914c, S. 156.)

Das ist in der Tat eine elegante, wenn auch keine psychoanalytische Ausrede. Welche Selbstüberschätzung spricht daraus, wenn ein Mann uns versichert, dass ihm »Tendenzen überhaupt fernliegen«, und das gerade bei einer Frage, die so offensichtlich mit emotionalem Dynamit geladen ist. (Diese Behauptung zeigt, wie begrenzt auch Freuds Selbsterkenntnis war. Er traf gewisse dogmatische Feststellungen über bestimmte Züge seiner Persönlichkeit, die er »offensichtlich« nicht besitzen konnte.)

Die physiologische Vorstellung von der Libidobesetzung des Ich (im Gegensatz zur libidinösen Besetzung von Objekten) erschwert es all jenen, die nicht gerade zu den Eingeweihten gehören, das Wesen des Narzissmus an Hand der eigenen Erfahrung zu verstehen. Aus diesem Grund möchte ich es auf eine etwas eingängigere Art erklären.

Für den narzisstischen Menschen ist der einzige Bereich, der ihm ganz real vorkommt, seine eigene Person: *seine* Gefühle, *seine* Gedanken, *sein* Ehrgeiz, *seine* Wünsche, *sein* Körper, *seine* Familie, alles, was er ist oder was ihm gehört. Was er glaubt, ist wahr, eben weil er es glaubt. Selbst seine schlechten Eigenschaften sind etwas Schönes, weil es seine Eigenschaften sind. Alles, was sich auf ihn bezieht, hat Farbe und volle Realität. Jeder und alles außerhalb von ihm ist grau, hässlich, farblos und kaum existent.

Ich möchte folgendes Beispiel dafür anführen: Ein Mann rief mich an und bat um einen Termin. Ich erwiderte ihm, ich hätte diese Woche keine Zeit für ihn, sondern erst in der nächsten Woche. Er setzte mir daraufhin auseinander, dass er ganz in der Nähe meiner Praxis wohne und dass es ihn daher nur wenig Zeit koste, zu mir herüberzukommen. Als ich ihm klarzumachen suchte, dass das zwar für ihn bequem sei, aber nichts an der Tatsache ändere, dass ich keine Zeit für ihn habe, machte ihm das überhaupt keinen Eindruck, und er wiederholte immer wieder das gleiche Argument. Dies ist ein Beispiel für einen ziemlich schweren Fall von Narzissmus, denn dieser Mann war völlig unfähig, zwischen meinen und seinen Bedürfnissen zu unterscheiden.

Offensichtlich ist es ein erheblicher Unterschied, ob und wie intelligent, künstlerisch begabt und klug solch ein überaus narzisstischer Mensch ist. Viele Künstler und sehr kreative Schriftsteller, Dirigenten, Tänzer und Politiker sind außerordentlich narzisstisch; ihr Narzissmus beeinträchtigt ihre Kunst nicht, sondern er ist ihr im Gegenteil oft geradezu förderlich. Sie müssen das zum Ausdruck bringen, was sie subjektiv empfinden, und die Darbietung ist umso besser, je größer die Rolle ihrer Subjektivität dabei ist. Tatsächlich ist der narzisstische Mensch gerade durch seinen Narzissmus besonders attraktiv. Man denke zum Beispiel an einen narzisstischen Unterhaltungskünstler. Er ist ganz erfüllt von sich; er stellt seinen Körper und seinen Witz mit dem Stolz, ein kostbares Juwel zu besitzen, zur Schau. Er zweifelt nie an sich, wie ein weniger narzisstischer Mensch es notwendigerweise tut. An allem, was er sagt und tut, wie er geht und sich bewegt, hat er seine Freude wie an einer exzellenten Vorstellung und gleichzeitig ist er selbst sein größter Bewunderer.

Ich vermute, dass der Grund für die Attraktivität eines narzisstischen Menschen darin zu suchen ist, dass er das darstellt, was der Durchschnittsmensch selbst gerne wäre: Er ist selbstsicher, er kennt keine Zweifel, er fühlt sich jeder Situation gewachsen. Der Durchschnittsmensch hat diese Sicherheit nicht, er wird oft von Zweifeln geplagt und neigt dazu, andere zu bewundern, von denen er glaubt, dass sie ihm überlegen seien. Der narzisstische Mensch ist sozusagen das, was der Durchschnittsmensch gerne wäre. Man könnte sich fragen, weshalb ein übertriebener Narzissmus die Menschen nicht abstößt. Weshalb nehmen sie den Mangel an wirklicher Liebe nicht übel? Diese Frage ist leicht zu beantworten. Die wahre Liebe ist heute so rar geworden, dass sie fast außerhalb des Gesichtsfeldes der meisten Menschen liegt. Ein narzisstischer Mensch liebt wenigstens eine Person, nämlich sich selbst.

Der völlig unbegabte Narzisst kann freilich nur lächerlich wirken. Ist er dagegen außergewöhnlich begabt, so ist ihm der Erfolg praktisch garantiert. Oft findet man narzisstische Menschen unter den erfolgreichen Politikern. Aber selbst wenn sie begabt sind, wäre der Eindruck, den sie hinterlassen, ohne den Narzissmus, den sie geradezu ausstrahlen, nicht so groß. Anstatt das Gefühl zu haben »Wie können sie nur wagen, derart arrogant zu sein?«, fühlen sich viele von dem projizierten narzisstischen Selbstbild so angezogen, dass sie darin nicht mehr und nicht weniger sehen, als die angemessene Selbsteinschätzung eines höchst begabten Menschen.

Es ist wichtig zu erkennen, dass der Narzissmus, den man auch als »Selbst-Verliebtheit« bezeichnen könnte, das Gegenteil von Liebe ist, wenn man unter Liebe versteht, dass man sich vergisst und sich mehr um andere sorgt als um sich selbst.

Ebenso wesentlich ist der Widerspruch zwischen Narzissmus und Vernunft. Nachdem wir gerade von den Politikern gesagt haben, sie seien Musterbeispiele narzisstischer Persönlichkeiten, scheint die Feststellung, dass Narzissmus und Vernunft sich im Konflikt miteinander befinden, geradezu absurd. Aber ich spreche hier nicht von Intelligenz, sondern von Vernunft. Die manipulative Intelligenz (»instrumentelle Vernunft«) ist die Fähigkeit, das Denken dazu zu benutzen, die uns umgebende Welt zu unseren Zwecken zu manipulieren. Vernunft ist die Fähigkeit, die Dinge so zu erkennen, wie sie sind, ohne Rücksicht darauf, wie wertvoll oder wie gefährlich sie für uns sind. Vernunft zielt auf die Erkenntnis von Dingen und Menschen in ihrem So-Sein ab, ohne dass sie von unserem subjektiven Interesse entstellt werden. Wir können von »Cleverness« als einer Form manipulativer Intelligenz sprechen. Weisheit entspringt demgegenüber der Vernunft. Ein narzisstischer Mensch kann äußerst clever sein, wenn seine manipulative Intelligenz ungewöhnlich groß ist. Aber er wird wahrscheinlich auch schwere Fehler machen, weil sein Narzissmus ihn dazu verführt, allzu sehr auf *seine* eigenen Wünsche und Gedanken zu vertrauen und anzunehmen, er habe sein Ziel bereits erreicht, weil es *seine* Wünsche und *seine* Gedanken sind.

Narzissmus wird oft mit Egoismus verwechselt. Freud hielt den Narzissmus für den libidinösen Aspekt des Egoismus; das heißt, die Leidenschaftlichkeit des Egoismus gründet nach Freud in der libidinösen Besetzung des Ichs. Aber diese Erklärung befriedigt nicht ganz. Ein egoistischer Mensch kann die Welt durchaus unentstellt sehen. Er kann seinen eigenen Gedanken und Gefühlen unter Umständen keinen größeren Wert beimessen als den, den sie in der Außenwelt haben. Er kann die Welt – einschließlich der Rolle, die er selbst darin spielt – völlig objektiv sehen. Egoismus ist seinem Wesen nach eine Form der Gier. Der Egoist möchte alles für sich selbst haben, er möchte nicht mit anderen teilen, er sieht in anderen eher eine Bedrohung als potentielle Freunde. Was Freud in seinen frühen Schriften als »Selbstinteresse« bezeichnete, hat beim Egoisten mehr oder weniger die Oberhand gewonnen. Aber diese Vorrangigkeit des »Selbstinteresses« muss nicht unbedingt dazu führen, dass der Egoist sich von sich selbst und von seiner Umwelt ein entstelltes Bild macht, wie dies ein narzisstischer Mensch tut.

Unter allen Charakterorientierungen erkennt man den eigenen Narzissmus bei weitem am schwersten. In dem Maß, wie jemand narzisstisch ist, glorifiziert er sich selbst und ist nicht in der Lage, die eigenen Fehler und Grenzen zu sehen. Er ist überzeugt, dass das Bild eines wunderbaren Menschen, das er sich von sich selbst macht, richtig ist, und da es sich um sein Bild von sich handelt, hat er keinen Grund, an seiner Richtigkeit zu zweifeln. Ein weiterer Grund dafür, dass man den Narzissmus bei sich selbst nur so schwer erkennt, ist die Tatsache, dass viele narzisstische Menschen zu demonstrieren versuchen, dass sie alles andere als narzisstisch sind. Eines der häufigsten Beispiele dafür ist der Versuch, seinen Narzissmus hinter einem Verhalten zu verbergen, das durch Fürsorge und Hilfe für andere gekennzeichnet ist. Solche Menschen verwenden viel Energie und Zeit darauf, anderen zu helfen, ja sie bringen sogar Opfer für sie, sind freundlich zu ihnen usw., und das alles mit dem (meist unbewussten) Ziel, ihren Narzissmus zu verleugnen. Wie wir alle wissen, gilt das gleiche für Menschen, die besonders bescheiden oder demütig sind. Sie versuchen nicht nur, ihren Narzissmus zu verbergen, sie befriedigen ihn gleichzeitig damit, dass sie auf ihre Freundlichkeit oder Bescheidenheit narzisstisch stolz sind. Ein hübsches Beispiel dafür ist der Witz von dem Mann, der im Sterben liegt und hört, wie seine Freunde, die an seinem Bett stehen, ihn loben, wie gelehrt, wie intelligent, wie gütig und besorgt er sei. Der Sterbende hört sich das an, und als sie mit ihrem Lob fertig sind, ruft er ärgerlich: »Und meine Bescheidenheit habt ihr überhaupt nicht erwähnt!«

Der Narzissmus trägt viele Masken: Heiligkeit, Pflichtbewusstsein, Freundlichkeit und Liebe, Bescheidenheit und Stolz. Er reicht von der Haltung eines hochmütigen und arroganten Menschen bis zu der einer bescheidenen und unaufdringlichen Person.

Jeder kennt viele Tricks, mit denen er seinen Narzissmus tarnt, wobei er sich kaum bewusst ist, dass er das tut und weshalb er es tut. Wenn es einem narzisstischen Menschen gelingt, andere dazu zu bringen, ihn zu bewundern, so ist er glücklich und funktioniert gut. Gelingt es ihm aber nicht, andere davon zu überzeugen – wird sein Narzissmus also angekratzt –, dann kann es sein, dass er wie ein Ballon, aus dem man das Gas ablässt, in sich zusammensinkt. Oder er gerät vielleicht auch in eine wilde, unversöhnliche Wut.

Wenn man einen solchen Menschen verwundet, dann kann das entweder zu einer Depression oder zu unversöhnlichem Hass führen.

Besonders interessant ist der *Gruppennarzissmus*. Der Gruppennarzissmus ist ein Phänomen von größter politischer Bedeutung. Schließlich lebt der Durchschnittsmensch unter gesellschaftlichen Umständen, welche die Entwicklung eines intensiven Narzissmus einschränken. Was sollte auch den Narzissmus eines armen Menschen fördern, der nur wenig soziales Prestige genießt und auf den selbst die eigenen Kinder herabblicken? Er ist ein Nichts. Wenn er sich jedoch mit seiner Nation identifizieren oder wenn er seinen persönlichen Narzissmus auf die Nation übertragen kann, dann ist er alles. Wenn jemand sagen würde: »Ich bin der wunderbarste Mensch auf der Welt; ich bin der Sauberste, der Klügste, der Tüchtigste und Gebildetste von allen, ich bin allen anderen auf der Welt überlegen«, dann würde sich jeder, der dies hört, angewidert abwenden und das Gefühl haben, der Betreffende sei verrückt. Wenn aber jemand seine Nation auf diese Weise beschreibt, dann nimmt sich niemand von dieser Meinung aus. Im Gegenteil, wenn jemand sagt: »Mein Volk ist das stärkste, das kultivierteste, das friedliebendste und begabteste unter allen Völkern«, dann hält man ihn nicht etwa für verrückt, sondern für einen sehr patriotischen Bürger.

Das gleiche gilt für den religiösen Narzissmus. Dass Millionen von Religionsanhängern behaupten können, sie allein seien im Besitz der Wahrheit, ihre Religion sei der einzige Weg zum Heil, hält man für völlig normal. Andere Beispiele für Gruppennarzissmus sind politische und wissenschaftliche Gruppierungen. Der Einzelne befriedigt seinen Narzissmus, indem er dazugehört und sich mit der Gruppe identifiziert. Nicht er, der Niemand, ist groß, sondern er, das Mitglied der wunderbarsten Gruppe der Welt. Er könnte freilich einwenden, woher man die Sicherheit nehme, dass seine Einschätzung der eigenen Gruppe nicht tatsächlich richtig sei. Einmal kann eine Gruppe kaum so vollkommen sein, wie ihre Mitglieder sie schildern. Der wichtigste Grund aber ist die Beobachtung, dass auf jede Kritik an der Gruppe mit einer intensiven Wut reagiert wird, mit jener typischen Reaktion, die wir auch in Fällen gefunden haben, in denen der individuelle Narzissmus verletzt wurde. Der narzisstische Charakter der nationalen, politischen und religiösen Gruppenreaktion ist die Wurzel eines jeden Fanatismus. Wenn die Gruppe zur Verkörperung des eigenen Narzissmus wird, so bedeutet jede Kritik an der Gruppe, dass man sich selbst angegriffen fühlt.

Im Falle eines kalten oder heißen Krieges nimmt der Narzissmus noch drastischere Formen an. Das eigene Volk ist dann vollkommen, friedliebend, kultiviert usw.; das Volk des Feindes dagegen ist das genaue Gegenteil: Es ist gemein, verräterisch, grausam usw. In Wirklichkeit sind sich die meisten Nationen in Bezug auf das Verhältnis ihrer guten und schlechten Eigenschaften ziemlich gleich; aber jedes Volk hat seine spezifischen Tugenden und Laster. Der narzisstische Nationalismus sieht nun aber nur die Tugenden des eigenen Volkes und nur die Laster der anderen Seite. Solche Beobachtungen sind deshalb so eindrucksvoll, weil sie stimmen; falsch daran ist nur, dass man die schlechten Eigenschaften des eigenen Volkes und die guten Eigenschaften der feindlichen Nation außer Acht lässt.

Die Mobilisierung des Gruppennarzissmus ist eine der wichtigsten Voraussetzungen für die Vorbereitung eines Krieges. Man muss schon lange vor dem Ausbruch des Krieges damit anfangen, doch wird sie immer intensiver, je mehr sich die betreffenden Völker dem Krieg nähern. Die Gefühle zu Anfang des Ersten Weltkriegs waren ein gutes Beispiel dafür, dass die Vernunft zum Schweigen kommt, wenn der Narzissmus regiert. Die britische Kriegspropaganda beschuldigte die deutschen Soldaten, sie hätten in Belgien kleine Kinder auf ihren Bajonetten aufgespießt (was eine glatte Lüge war, die aber von vielen im Westen geglaubt wurde), die Deutschen bezeichneten die Briten als eine Nation betrügerischer Händler, während sie sich selbst für Helden hielten, die für Freiheit und Gerechtigkeit kämpften.

Kann dieser Gruppennarzissmus jemals verschwinden und mit ihm auch eine der Voraussetzungen für den Krieg? Tatsächlich gibt es keinen Grund anzunehmen, dass dies unmöglich ist. Die Bedingungen für sein Verschwinden sind mannigfacher Art. Eine Voraussetzung ist, dass das Leben der Einzelnen so reich und interessant ist, dass sie voller Interesse und Liebe miteinander in Beziehung treten können. Das setzt aber eine Gesellschaftsstruktur voraus, welche die Existenzweise des Seins und Miteinander-Teilens fördert und nicht die des Habens und Besitzens (vgl. *Haben oder Sein,* 1976a, GA II, S. 389–414). Mit der Entwicklung von Interesse und Liebe für den anderen nimmt der Narzissmus mehr und mehr ab. Das wichtigste und schwierigste Problem ist jedoch die Tatsache, dass der Gruppennarzissmus von der Grundstruktur der Gesellschaft abhängen kann, und die Frage, wie diese zustande kommt. Ich will versuchen, eine Antwort zu skizzieren, indem ich die Beziehung zwischen der Struktur der kybernetischen Industriegesellschaft und der narzisstischen Entwicklung des Individuums analysiere.

Die erste Ursache für die Zunahme des Narzissmus in der Industriegesellschaft ist die Isolierung und Feindseligkeit der Menschen untereinander. Diese Feindseligkeit ist eine unausbleibliche Folge eines Wirtschaftssystems, das auf skrupellose Selbstsucht und auf das Prinzip aufbaut, dass man seinen eigenen Vorteil auf Kosten anderer sucht. Wenn man nicht bereit ist, miteinander zu teilen und aufeinander Rücksicht zu nehmen, muss der Narzissmus gedeihen.

Aber die wichtigste Ursache für die Entwicklung des Narzissmus, die sich in vollem Maß erst in den letzten Jahrzehnten herausbildete, ist die Vergötterung unserer industriellen Produktion. Der Mensch hat sich selber zu einem Gott gemacht. Er hat eine neue Welt geschaffen, die Welt der vom Menschen geschaffenen Dinge, wobei er die alte Schöpfung lediglich als Rohmaterial verwendet. Der moderne Mensch hat die Geheimnisse des Mikrokosmos wie auch die des Makrokosmos aufgedeckt; er hat die Geheimnisse des Atoms und die Geheimnisse des Kosmos entdeckt und unsere Erde zu einem unendlich kleinen Gebilde in den Galaxien degradiert. Der Wissenschaftler, der diese Entdeckungen machte, musste die Dinge so sehen, wie sie sind, objektiv, und daher mit nur geringem

Narzissmus. Der Verbraucher aber braucht nicht den Geist eines Wissenschaftlers zu haben, genauso wenig wie die Techniker und die Praktiker der angewandten Naturwissenschaften. Der allergrößte Teil der Menschheit brauchte die neue Technik nicht selbst zu erfinden, sondern konnte sie entsprechend den neuen theoretischen Einsichten aufbauen und bewundern.

So kam es, dass der moderne Mensch einen immensen Stolz auf seine Schöpfung entwickelt hat. Er hält sich selbst für einen Gott, er fühlt seine Größe, wenn er die Großartigkeit der vom Menschen geschaffenen neuen Erde betrachtet. Indem er seine zweite Schöpfung bewundert, bewundert er sich selbst. Die von ihm erschaffene Welt, die Nutzbarmachung der Energie von Kohle und Öl und jetzt auch der Atomenergie, ganz besonders aber die scheinbar grenzenlosen Fähigkeiten seines Intellekts sind zum Spiegel geworden, in dem er sich erblickt. Der Mensch schaut in diesen Spiegel, der ihm nicht seine Schönheit, sondern seine Erfindungsgabe und seine Macht zeigt. Wird er in seinem Spiegel ertrinken, wie Narziss ertrank, als er seinen schönen Körper im See betrachtete?

e) Der Charakter

Freuds Charakterbegriff ist von nicht geringerer Bedeutung als die Begriffe des Unbewussten, der Verdrängung und des Widerstandes. Hier befasste sich Freud mit dem Menschen als Ganzem und nicht nur mit einzelnen »Komplexen« und Mechanismen, wie etwa dem »Ödipuskomplex«, der »Kastrationsangst« und dem »Penisneid«. Natürlich war der Begriff des Charakters nichts Neues, aber der dynamische Charakterbegriff Freuds war neu in der Psychologie. Die dynamische Charakterauffassung versteht den Charakter als eine *relativ gleichbleibende Struktur von Leidenschaften.* Die Psychologen sprachen zu Freuds Zeit, genau wie sie es heute noch tun, vom Charakter in einem rein beschreibenden Sinn. So konnte man einen Menschen als ordentlich, ehrgeizig, fleißig, ehrlich usw.

beschreiben, aber man bezog sich dabei auf einzelne, bei dem Betreffenden festzustellende *Charakterzüge* und nicht auf ein organisiertes System von Leidenschaften. Nur die großen Dramatiker wie Shakespeare und die großen Romanschreiber wie Dostojewski und Balzac haben den Charakter in diesem dynamischen Sinn geschildert, letzterer in der Absicht, den Charakter der verschiedenen Klassen der französischen Gesellschaft seiner Zeit zu analysieren.

Freud war der erste Psychologe, der den Charakter wissenschaftlich und nicht künstlerisch wie seine Vorgänger unter den Schriftstellern analysiert hat. Das von einigen seiner Schüler, besonders von Karl Abraham, noch bereicherte Resultat war großartig. Freud und seine Schule haben vier Typen der Charakterstruktur klar unterschieden: den oral-rezeptiven, den oral-sadistischen, den analen und den genitalen Charakter. Nach Freud macht jeder Mensch, der sich auf normale Weise entwickelt, alle diese Stufen der Charakterstruktur durch. Viele Menschen bleiben auf einer dieser Entwicklungsstufen hängen und behalten als Erwachsene die Merkmale der betreffenden kindlichen Charakterstufe.

Unter dem oral-rezeptiven Charakter versteht Freud einen Menschen, der erwartet, materiell, emotional und intellektuell gefüttert zu werden. Es ist der Mensch mit dem »offenen Mund«, der von Grund auf passiv und abhängig ist und erwartet, dass man ihm das, was er braucht, geben wird – entweder, weil er es verdient, da er so gut und gehorsam ist, oder aber auch auf Grund eines hochentwickelten Narzissmus, der ihm das Gefühl gibt, ein so prachtvoller Mensch zu sein, dass er Anspruch auf die Fürsorge anderer habe. Dieser Charaktertyp erwartet, dass ihm alles dargeboten wird, was ihn befriedigt, ohne dass er eine Gegenleistung zu bieten hat.

Auch der oral-sadistische Mensch glaubt, dass alles, was er braucht, von außen kommt und dass er es sich nicht selbst erarbeiten muss. Im Gegensatz zum oral-rezeptiven Charakter erwartet er jedoch nicht, dass irgendjemand ihm das, was er braucht, freiwillig gibt, sondern er versucht, das, was er braucht, anderen mit Gewalt abzunehmen. Er ist ein räuberischer, ausbeuterischer Charakter.

Der dritte Charaktertyp ist der anal-sadistische Charakter. Eine solche Charakterstruktur haben Menschen, die nicht glauben können, dass jemals etwas Neues geschaffen wird, so dass die einzige Möglichkeit, etwas zu haben, darin besteht, das, was man hat, zu behalten. Sie halten sich für eine Art Festung, aus der nichts hinausdarf. Ihre Sicherheit sehen sie in ihrer Isolierung. Freud hat bei ihnen folgende drei Charakterzüge festgestellt: Sie sind ordentlich, sparsam und eigensinnig.

Der vollentwickelte und sozusagen reife Charaktertyp ist der genitale Charakter. Während die drei »neurotischen« Charakter-Orientierungen deutlich zu erkennen sind, ist der genitale Charakter recht unbestimmt. Freud sagt, er sei die Grundlage für die Fähigkeit zu arbeiten und zu lieben. Nach allem, was wir über Freuds Auffassung von der Liebe hörten, kann er darunter nur die degradierte Form von Liebe in einer Gesellschaft von Profitjägern verstehen. Freud versteht unter dem genitalen Charakter ganz einfach den bürgerlichen Menschen, das heißt den Mann, dessen Fähigkeit zur Liebe eingeschränkt und dessen »Arbeit« in dem Bemühen besteht, die Arbeit anderer zu organisieren und auszunutzen, ein Manager und kein Arbeiter zu sein.

Die drei »neurotischen« oder – wie Freud sagen würde – »prägenitalen« Charakter-Orientierungen sind eben deshalb der Schlüssel zum Verständnis des menschlichen Charakters, weil sie sich nicht auf einen einzelnen Charakterzug, sondern auf das ganze Charaktersystem beziehen. Es ist im allgemeinen leicht zu erkennen, zu welchem Charaktertyp jemand gehört, selbst wenn man nur wenig über ihn weiß. Der Mensch mit den zusammengepressten Lippen, der sich auf sich selbst zurückzieht und dem es vor allem wichtig ist, dass alles seine Ordnung hat und richtig gemacht wird, der wenig spontan ist und der oft eine blasse Hautfarbe hat, ist leicht als analer Charakter zu erkennen. Weiß man von ihm, dass er geizig, wenig freigebig und auf Distanz bedacht ist, hat man damit eine Bestätigung. Das gleiche gilt für den ausbeuterischen und den rezeptiven Charaktertyp. Natürlich geben sich die Menschen Mühe, ihr wahres Gesicht zu verbergen, wenn sie sich darüber klar sind, dass es Neigungen verrät, die sie lieber nicht preisgeben möchten. Daher ist auch der Gesichtsausdruck nicht einmal immer der wichtigste Hinweis auf die Charakterstruktur. Wichtiger sind jene Ausdrucksformen, die weit weniger kontrollierbar sind, wie die Bewegungen, die Stimme, der Gang und die Gesten – alles, was uns an einem Menschen auffällt, wenn wir ihn ansehen oder wenn wir ihn vor uns hergehen sehen.

Menschen, welche die Bedeutung der drei prägenitalen Charakterzüge begriffen haben, verstehen sich ohne weiteres, wenn sie von dem oder jenem sagen, er sei ein analer Charakter, oder wenn sie von einer Mischung aus analen und oralen Charakterzügen oder von speziell oral-sadistischen Zügen reden. Es war Freuds geniale Leistung, dass er in diesen Charakter-Orientierungen alle möglichen Wege erfasst hat, wie ein Mensch sich im »Prozess der Assimilierung« zur Welt in Beziehung setzen kann, das heißt, wie er sich das von der Natur oder von anderen Menschen verschafft, was er zu seinem Überleben braucht. Das Problem liegt nicht darin, dass wir alle etwas von außen erhalten müssen; selbst der Heilige könnte ohne Nahrung nicht bestehen. Das wahre Problem liegt darin, auf welche Weise wir es uns verschaffen, ob unsere Methode im Annehmen, im Rauben, im Horten oder im produktiven Arbeiten besteht.

Seit Freud und einige seiner Schüler diese Charakterologie entwickelt haben, ist unser Verständnis vom Menschen und von den Kulturen erheblich gewachsen. Ich spreche von Kulturen, weil man nämlich auch Gesellschaften anhand dieser Charakterstrukturen charakterisieren kann, da ihr jeweiliger Gesellschafts-Charakter, das heißt der den meisten Mitgliedern einer Gesellschaft gemeinsame Kern des Charakters, ebenfalls dem einen oder anderen Typ entspricht. Um nur ein Beispiel zu geben: Der Charakter der französischen Mittelklasse des neunzehnten Jahrhunderts entsprach der analen Charakterstruktur, während der Charakter des Unternehmers derselben Epoche der des Ausbeuters war.

Die Grundlagen der Charakterologie, die Freud legte, führten zur Entdeckung noch weiterer Formen der Charakter-Orientierung. Man kann auch von einem autoritären und einem partnerschaftlichen Charakter oder von einem destruktiven und einem liebenden Charakter reden, und damit jeweils auf einen besonders hervorstechenden Charakterzug hinweisen, der die gesamte Charakterstruktur bestimmt.

Wir haben gerade erst mit der Erforschung des Charakters begonnen, und die Konsequenzen aus Freuds Entdeckung sind noch lange nicht erschöpfend untersucht. Aber unsere Bewunderung für Freuds Charaktertheorie darf uns nicht blind machen. Er hat die Bedeutung der Theorie dadurch eingeengt, dass er sie mit der Sexualität in Verbindung brachte. Dies wird in den *Drei Abhandlungen zur Sexualtheorie* deutlich:

> Was wir den »Charakter« eines Menschen heißen, ist zum guten Teil mit dem Material sexueller Erregungen aufgebaut und setzt sich aus seit der Kindheit fixierten Trieben, durch Sublimierung gewonnen, und aus solchen Konstruktionen zusammen, die zur wirksamen Niederhaltung perverser, als unverwendbar erkannter Regungen bestimmt sind. (S. Freud, 1905d, S. 140 f.)

Seine Bezeichnungen der Charakter-Orientierungen machen das deutlich. Die beiden ersten empfangen ihre Energie aus der oralen Libido, die dritte aus der analen Libido und die vierte aus der sogenannten genitalen Libido, womit er die Sexualität des erwachsenen Mannes oder der erwachsenen Frau meint.

Der wichtigste Beitrag Freuds zu seiner Charakterologie ist seine Abhandlung *Charakter und Analerotik* (S. Freud, 1908b). Hier werden alle drei Züge des analen Charakters: Ordentlichkeit, Sparsamkeit und Eigensinn als direkte Ausdrucksformen, als Reaktionsbildungen zur analen Libido oder als deren Sublimierung angesehen. Das gleiche gilt für die anderen Charakterstrukturen in Bezug auf die orale und die genitale Libido.

Freud hat viele der großen Leidenschaften wie Liebe, Hass, Ehrgeiz, Machthunger, Geiz und Grausamkeit und auch die leidenschaftliche Sehnsucht nach Unabhängigkeit und Freiheit den verschiedenen Arten der Libido zugeordnet. In seinen späteren Theorien, die sich mit dem Todes- und Lebenstrieb befassen, nahm Freud an, dass Liebe und Hass im wesentlichen biologischen Ursprungs seien. Seitdem nehmen orthodoxe Analytiker wegen seiner Konstruktion des Lebens- und Todestriebes an, dass die Aggression ein ebenso ursprünglicher, mit der menschlichen Natur gegebener Trieb sei wie die Liebe. Das Streben nach Macht brachte Freud mit dem anal-sadistischen Charakter in Verbindung. Doch muss man zugeben, dass das Machtstreben, vielleicht der wichtigste Trieb im modernen Menschen, in der psychoanalytischen Literatur nicht die gebührende Beachtung gefunden hat. Abhängigkeit wird als Unterwerfung aufgefasst, die auf verschiedene Weise mit dem Ödipuskomplex in Beziehung steht. Diese Rückführung der großen Leidenschaften auf verschiedene Arten der Libido war für Freud eine theoretische Notwendigkeit, da außer dem Streben nach Überleben alle Energien im Menschen für ihn sexueller Natur waren. In seiner späteren Theorie vom Todestrieb und vom Lebenstrieb hat er die ältere, im wesentlichen physiologisch orientierte Theorie durch eine biologische Theorie der Polarität von integrierenden Kräften des Lebenstriebs und den destruktiven Kräften des Todestriebs ersetzt (vgl. die Diskussion der Freudschen Triebtheorie unten im 4. Kapitel).

Wenn man nicht unter dem Zwang steht, von allen menschlichen Leidenschaften zu behaupten, sie seien in der Sexualität verwurzelt, ist man nicht gezwungen, Freuds Erklärung zu akzeptieren; man kommt dann zu einer einfacheren und, wie ich glaube, genaueren Analyse der menschlichen Leidenschaften. Man hat dann einerseits die biologisch gegebenen Leidenschaften von Hunger und Sexualität, die dem Überleben des Einzelnen und der Rasse dienen und allen anderen Leidenschaften, die gesellschaftlich und geschichtlich bedingt sind. Ob jemand vorwiegend liebt oder hasst, ob er sich unterwirft oder um seine Freiheit kämpft, ob er geizig oder freigebig, grausam oder zärtlich ist, hängt von der Gesellschaftsstruktur ab, die für die Bildung aller Leidenschaften außer den biologischen verantwortlich ist. (Vgl. *Marx' Beitrag zum Wissen vom Menschen*, 1968h, GA V, S. 421–432.) Es gibt Kulturen, in deren Gesellschafts-Charakter ein leidenschaftlicher Drang zur Zusammenarbeit und Harmonie vorherrscht, zum Beispiel bei Stämmen wie den Zuni-Indianern in Nordamerika, und es gibt andere, in denen eine außerordentliche Besitzgier und Destruktivität herrscht, wie das bei den Dobu der Fall ist. (Vgl. die ausführliche Diskussion von Gesellschaften mit aggressiver oder kooperativer Einstellung in *Anatomie der menschlichen Destruktivität,* 1973a, GA VII, S. 148–158.)

Man müsste den für jede Gesellschaft typischen Gesellschafts-Charakter sehr genau analysieren, um zu verstehen, wie wirtschaftliche, geographische, historische und genetische Bedingungen zur Bildung verschiedener Typen des Gesellschafts-Charakters geführt haben. Um dies an einem Beispiel zu verdeutlichen: Ein Stamm, der zu wenig fruchtbaren Boden besitzt und dem es auch an Fischen und jagdbaren Tieren fehlt, wird wahrscheinlich einen kriegerischen, aggressiven Charakter entwickeln, weil er nur überleben kann, wenn er andere Stämme beraubt und bestiehlt. Andererseits wird ein Stamm, der zwar keinen großen Überschuss, aber doch für alle genug zum Leben produziert, vermutlich einen friedlichen und kooperativen Geist entwickeln. Natürlich sind diese Beispiele übertrieben vereinfacht. Die Bedingungen zu erkennen, unter denen sich gewisse Typen des Gesellschafts-Charakters entwickeln, ist ein schwieriges Problem, das eine gründliche Analyse aller relevanten und auch vieler anscheinend irrelevanten Faktoren erfordert. Es ist dies ein Gebiet der gesellschaftlichen und der historischen Analyse, das meiner Ansicht nach eine große Zukunft hat, wenngleich bis jetzt nur die Grundlagen für diesen Zweig der analytischen Sozialpsychologie gelegt sind.

Die geschichtlich bedingten Leidenschaften sind von einer Intensität, die sogar größer sein kann als die der biologisch bedingten, dem Überleben dienenden Leidenschaften von Hunger, Durst und Sexualität. Dies mag nicht für den Durchschnittsmenschen gelten, dessen Leidenschaften großenteils auf die Befriedigung seiner physiologischen Bedürfnisse beschränkt sind. Aber es gilt in jeder geschichtlichen Periode für eine beträchtliche Anzahl von Menschen, die ihr Leben für ihre Ehre, ihre Liebe, ihre Würde – oder für ihren Hass – aufs Spiel setzen. Die Bibel hat das in den einfachen Worten ausgedrückt: »Der Mensch lebt nicht vom Brot allein« (Mt 4,4). Stellen wir uns einmal vor, Shakespeare hätte seine Dramen über die sexuelle Frustration eines Helden oder die Nahrungsgelüste seiner Heldin geschrieben. Sie wären dann ebenso banal geworden wie unsere heutigen, auf dem Broadway produzierten Stücke. Das dramatische Element im menschlichen Leben wurzelt in den nicht-biologischen Leidenschaften und nicht in Hunger und Sexualität. Kaum jemand begeht Selbstmord, weil er in Bezug auf seine sexuellen Wünsche nicht auf seine Kosten kommt, aber viele nehmen sich das Leben, weil sie ihren Ehrgeiz oder ihren Hass nicht befriedigen konnten. Es ist eine interessante Tatsache, dass die Selbstmordrate im Großen und Ganzen im gleichen Verhältnis angestiegen ist, wie die Industrialisierung zugenommen hat. (Vgl. *Wege aus einer kranken Gesellschaft,* 1955a, GA IV, S. 7–12.)

Freud hat den Einzelnen nie als isoliertes Wesen, sondern stets in seiner Beziehung zu anderen gesehen. Er sagt: »Die Individualpsychologie ist zwar auf den einzelnen Menschen eingestellt und verfolgt, auf welchen Wegen derselbe die Befriedigung seiner Triebregungen zu erreichen sucht, allein sie kommt dabei nur selten, unter bestimmten Ausnahmebedingungen, in die Lage, von den Beziehungen dieses Einzelnen zu anderen Individuen abzusehen. Im Seelenleben des Einzelnen kommt ganz regelmäßig der andere als Vorbild, als Objekt, als Helfer und als Gegner in Betracht, und die Individualpsychologie ist daher von Anfang an auch gleichzeitig Sozialpsychologie in diesem erweiterten, aber durchaus berechtigten Sinne.« (S. Freud, 1921c, S. 73.) Trotzdem hat er diesen Kern einer Sozialpsychologie nicht weiter entwickelt, weil er der Ansicht war, dass letzten Endes das Familienleben der entscheidende Faktor für die Entwicklung des Kindes ist. Freud sah nicht, dass das menschliche Wesen von früher Kindheit an in mehreren Kreisen lebt. Der engste dieser Kreise ist die Familie, der nächste ist die soziale Klasse, der dritte ist die Gesellschaft, in der der Betreffende lebt, der vierte sind die biologischen Bedingungen eines jeden menschlichen Wesens, die auch für ihn gelten, und schließlich ist er Teil eines größeren Kreises, über den wir fast nichts wissen, der aber mindestens unser Sonnensystem umfasst. Nur der engste Kreis, nämlich der der Familie, ist für Freud relevant, und er unterschätzt aus diesem Grund alle übrigen Kreise, denen der Mensch angehört, in starkem Maß. Genauer gesagt: Er hat nicht erkannt, dass die Familie selbst durch die Klasse und die Gesellschaftsstruktur determiniert und eine »Agentur der Gesellschaft« ist, die die Funktion hat, dem Kind den Gesellschafts-Charakter zu übermitteln, noch bevor es mit der Gesellschaft in unmittelbare Berührung kommt. Dies geschieht durch möglichst frühe Erziehung sowie durch den Charakter der Eltern, der selbst ein *gesellschaftliches Produkt* ist. (Vgl. Über *Methode und Aufgabe einer Analytischen Sozialpsychologie,* 1932a, GA I, S. 42.)

Freud sah in der bürgerlichen Familie den Prototyp aller Familien und übersah die völlig andersartigen Formen der Familienstruktur oder das völlige Fehlen der »Familie« in anderen Kulturen. Ein Beispiel dafür ist die Wichtigkeit, die Freud der sogenannten »Urszene« beimisst, in der das Kind Zeuge des Geschlechtsverkehrs der Eltern wird, ein Erlebnis, dem er große Bedeutung zuschreibt. Ganz offensichtlich wird die Bedeutung dieses Erlebnisses dadurch überschätzt, dass in der bürgerlichen Familie Kinder und Eltern gewöhnlich in verschiedenen Räumen leben. Hätte Freud an das Familienleben in den ärmeren Klassen seiner Zeit gedacht, wo die Kinder im gleichen Raum mit ihren Eltern lebten und Zeugen des Geschlechtsverkehrs als einer ganz natürlichen Sache waren, so hätte dieses frühe Erlebnis für ihn nicht diese große Bedeutung besessen. Er hat auch die vielen sogenannten primitiven Gesellschaften nicht berücksichtigt, wo die Sexualität nicht tabu ist und wo weder die Eltern noch die Kinder ihre sexuellen Akte und Spiele verbergen müssen.

Dadurch, dass Freud von allen Leidenschaften annahm, dass sie sexueller Natur seien und dass er von der bürgerlichen Familie und ihrem Vorbildcharakter ausging, konnte er nicht sehen, dass das primäre Phänomen nicht die Familie, sondern die Gesellschaftsstruktur ist, welche genau den Charakter erzeugt, den sie für ihr reibungsloses Funktionieren und ihren Fortbestand braucht. Er gelangte nicht zur Vorstellung eines Gesellschafts-Charakters, weil sich ein solcher Begriff auf der schmalen Basis der Sexualität nicht entwickeln konnte. Wie ich bereits in *Die Furcht vor der Freiheit* (1941a, GA I, S. 379–392) dargelegt habe, ist unter dem Gesellschafts-Charakter jene Charakterstruktur zu verstehen, welche den meisten Mitgliedern einer Gesellschaft gemeinsam ist. Ihre Inhalte hängen von den Notwendigkeiten einer bestimmten Gesellschaft ab, die den Charakter des Einzelnen so formen, *dass die Menschen das tun wollen, was sie tun müssen*, damit das richtige Funktionieren der Gesellschaft gewährleistet ist. Was sie zu tun wünschen, hängt von den in ihrem Charakter dominierenden Leidenschaften ab, die von den Notwendigkeiten und Erfordernissen eines bestimmten gesellschaftlichen Systems geformt wurden.

Die durch die unterschiedlichen Familienkonstellationen hervorgerufenen Verschiedenheiten sind geringfügig im Vergleich zu den durch die verschiedenen Strukturen in der Gesellschaft und in ihren entsprechenden Klassen hervorgerufenen Unterschiede. Ein Mitglied der Feudalklasse etwa musste einen Charakter entwickeln, der es befähigte, andere zu regieren und sein Herz gegen ihr Elend zu verhärten. Die bürgerliche Klasse des neunzehnten Jahrhunderts musste einen analen Charakter entwickeln, der von dem Wunsch bestimmt war, zu sparen und zu horten und nichts auszugeben. Im zwanzigsten Jahrhundert entwickelte die gleiche Klasse einen Charakter, für den das Sparen eine untergeordnete Tugend, wenn nicht gar ein Laster ist. Für den modernen Menschen ist der Charakterzug, Geld auszugeben und zu konsumieren kennzeichnend. Diese Entwicklung ist durch grundlegende ökonomische Notwendigkeiten bedingt. In einer Periode, in der es vor allem darum ging, Kapital anzuhäufen, war das Sparen eine Notwendigkeit, in einer Periode der Massenproduktion ist nicht das Sparen, sondern das Geldausgeben von größter wirtschaftlicher Bedeutung. Wenn der Charakter des Menschen des zwanzigsten Jahrhunderts sich plötzlich in den eines Menschen des neunzehnten Jahrhunderts zurückverwandelte, geriete unsere Wirtschaft in eine schwere Krise, wenn sie nicht völlig zusammenbrechen würde. (Meine eigenen Studien über den Gesellschafts-Charakter setzen die Forschungsrichtung fort, die von Sombart, Max Weber, L. J. Brentano, Tawney, Kraus und anderen Sozialwissenschaftlern zu Beginn unseres Jahrhunderts begonnen wurde und von deren Theorien ich viel lernte.)

Ich habe bisher das Problem der Beziehung zwischen der Individual- und der Sozialpsychologie in einer allzu vereinfachten Form beschrieben. Eine ausführliche Analyse des Problems würde den Rahmen dieses Buches sprengen. Sie müsste vor allem jene Bedürfnisse und Leidenschaften herausstellen, die in der menschlichen Existenz selbst wurzeln und die nicht primär durch die gesellschaftlichen Verhältnisse, sondern durch die Natur des Menschen bedingt sind. Das Fehlen von solchen Strebungen, die in der Natur des Menschen selbst ihren Ursprung haben, muss als ein Zeichen von Verdinglichung oder als Zeichen einer schweren gesellschaftlichen Erkrankung angesehen werden. Solche Strebungen sind zum Beispiel das Verlangen nach Freiheit, nach Solidarität und nach Liebe.

Wenn man Freuds System von der Einengung durch seine Libidotheorie befreit, wird auch seine Charakterkonzeption eine weit größere Bedeutung erlangen, als Freud selbst ihr gegeben hat. Dies erfordert die Umformung der Individualpsychologie in eine Sozialpsychologie und reduziert die Individualpsychologie lediglich auf die Kenntnis der kleineren Abweichungen, die durch individuelle und persönliche Umstände zustande kommen, welche die grundsätzlich gesellschaftlich bedingte Charakterstruktur beeinflussen. Trotz dieser Kritik an Freuds Charakterkonzeption ist noch einmal zu betonen, dass seine Entdeckung der dynamischen Charakterauffassung den Schlüssel zum Verständnis der Motivation des individuellen und des gesellschaftlichen Verhaltens bietet und bis zu einem gewissen Grad auch die Möglichkeit gibt, es vorauszusagen.

f) Die Bedeutung der Kindheit

Zu den größten Entdeckungen Freuds gehört die der Bedeutung der frühen Kindheit. Freud erkannte die Unwirklichkeit des bürgerlichen Bildes vom »unschuldigen« Kind. Diese Entdeckung hat mehrere Aspekte: Bereits das Kind hat sexuelle (libidinöse) Strebungen, wenn auch noch nicht in der Art der genitalen Sexualität, sondern als das, was Freud als prägenitale Sexualität bezeichnet, die sich auf die »erogenen Zonen« von Mund, Anus und Haut bezieht.

Zur Zeit Freuds herrschte noch der Mythos vom unschuldigen Kind[4], das von Sexualität noch nichts weiß. Man war sich nicht der Bedeutung bewusst, welche die Erfahrungen des Kindes und besonders die des noch sehr kleinen Kindes auf die Entwicklung seines Charakters und damit auf sein gesamtes Schicksal haben. Mit Freud hat sich das alles geändert. Er konnte anhand vieler klinischer Beispiele zeigen, wie frühe Ereignisse, besonders solche traumatischer Natur, den Charakter des Kindes in einem Ausmaß formen, dass er annahm, lange vor der Pubertät sei der Charakter eines Menschen bereits fixiert und erfahre – von seltenen Ausnahmen abgesehen – keine weiteren Änderungen mehr. Freud hat gezeigt, wieviel ein Kind schon weiß, wie feinfühlig es ist, wie Ereignisse, die einem Erwachsenen belanglos vorkommen mögen, von tiefem Einfluss auf die Entwicklung des Kindes und auf eine spätere Ausbildung von neurotischen Symptomen sind. Zum ersten Mal begann man, das Kind und was mit ihm geschah, ernst zu nehmen, und zwar so ernst,

4 Es muss betont werden, dass die Auffassung, das Kind habe im Unterschied zum Erwachsenen einen eigenen Status, verhältnismäßig modern ist. Bis zum achtzehnten Jahrhundert gab es diese Unterscheidung kaum. Das Kind war einfach ein kleiner Erwachsener.

dass man glaubte, den Schlüssel zur gesamten weiteren Entwicklung in den Ereignissen der frühen Kindheit gefunden zu haben.

Ein großer Teil der klinischen Daten zeigt, wie richtig und klug Freuds Beobachtungen waren, doch meine ich, dass sie auch gewisse Grenzen seiner theoretischen Annahmen erkennen lassen. Einmal hat er die Bedeutung der konstitutionellen genetischen Faktoren bei der Charakterbildung der Kinder unterschätzt. Er tat das nicht in der Theorie. Dort stellte er fest, dass sowohl konstitutionelle Faktoren als auch Erlebnisse für die Entwicklung der Persönlichkeit verantwortlich sind. In praktischer Hinsicht jedoch vernachlässigen sowohl er wie auch die meisten Psychoanalytiker die genetische Veranlagung des Menschen, und der primitive Freudianismus macht allein die Familie und die Erfahrungen des Kindes in ihr für seine Entwicklung verantwortlich. Das geht so weit, dass Psychoanalytiker wie auch Eltern glauben, ein neurotisches oder böses oder unglückliches Kind müsse Eltern haben, welche diesen negativen Zustand erzeugt haben, während im Gegensatz dazu ein glückliches, gesundes Kind eine entsprechend glückliche und gesunde Umgebung gehabt habe. Tatsächlich nahmen die Eltern die ganze Schuld an einer ungesunden Entwicklung ihres Kindes auf sich, andererseits schrieben sie jedoch auch allen Verdienst an einem glücklichen Ausgang der Kindheit auf ihr Konto.

Aber alles weist darauf hin, dass das nicht richtig ist. Das wird bei folgendem Beispiel deutlich: Ein Psychoanalytiker hat vielleicht einen stark neurotischen, entstellten Menschen vor sich, der eine schreckliche Kindheit hatte, und sagt sich: »Ganz offensichtlich haben die Kindheitserlebnisse zu diesem unglücklichen Ergebnis geführt.« Wenn er sich jedoch einmal fragte, wie viele Personen er schon vor sich hatte, die aus der gleichen Familienkonstellation kamen und sich als außergewöhnlich glückliche und gesunde Menschen herausstellten, kämen ihm vielleicht doch gewisse Zweifel, ob ein solch einfacher Zusammenhang zwischen den Kindheitserlebnissen und der entsprechenden seelischen Gesundheit oder Krankheit des Betreffenden auch tatsächlich vorhanden ist. Der erste Faktor, der für dieses theoretische Fehlurteil verantwortlich ist, ist in der Fehleinschätzung der unterschiedlichen genetischen Veranlagung zu suchen. So kann man schon bei Neugeborenen einen Unterschied in Bezug auf das Maß ihrer Aggressivität oder Ängstlichkeit feststellen. Hat nun das aggressive Kind eine aggressive Mutter, so wird diese Mutter ihm kaum schaden, ja sie wird ihm vielleicht sogar gut tun. Das Kind wird lernen, sich gegen sie zu wehren und sich vor ihrer Aggressivität nicht zu fürchten. Hat dagegen ein ängstliches Kind eine aggressive Mutter, so wird deren Aggressivität es noch mehr einschüchtern, und es wird angstvoll und unterwürfig und später vielleicht zum Neurotiker werden.

Tatsächlich berühren wir hier das alte, vieldiskutierte Problem des Verhältnisses *nature versus nurture*, der natürlichen Anlagen zu den Umwelteinflüssen. Die Diskussion über dieses Problem hat noch keineswegs zu endgültigen Ergebnissen geführt. Aus eigener Erfahrung bin ich zu dem Schluss gekommen, dass die Erbanlagen eine weit größere Rolle bei der Formung eines spezifischen Charakters spielen, als die meisten Analytiker zugeben. Ich glaube, dass eines der Ziele des Analytikers sein sollte, sich ein Bild vom Charakter des Kindes zum Zeitpunkt seiner Geburt zu machen, um herauszufinden, was an den Charakterzügen, die er bei seinem Analysanden findet, Teil der ursprünglichen Anlage ist und was durch Umwelteinflüsse erworben wurde. Außerdem sollte er zu erkennen suchen, welche der erworbenen Eigenschaften mit den anlagemäßig bedingten in Konflikt stehen und welche dazu beitragen, sie zu verstärken.

Sehr oft stellen wir fest, dass sich das Kind durch den Wunsch der Eltern (deren persönlichen Wunsch oder deren Wunsch als Repräsentanten der Gesellschaft) gezwungen sieht, seine ursprünglichen Anlagen zu verdrängen oder abzuschwächen und sie durch Charakterzüge zu ersetzen, deren Entwicklung die Gesellschaft für wünschenswert hält. Hier treffen wir auf die Wurzeln der Entwicklung von Neurosen: Jemand entwickelt ein Identitätsgefühl, das ihm nicht entspricht. Während das echte Identitätsgefühl darauf beruht, so zu sein, wie man als Mensch geboren wurde, beruht die

Pseudo-Identität auf der Persönlichkeit, die uns die Gesellschaft aufzwingt. Aus diesem Grunde braucht die Pseudo-Identität ständig Billigung, um die Ansprüche ausbalancieren zu können. Die echte Identität braucht eine solche Billigung durch andere nicht, weil das Bild, das sich der Betreffende von sich selber macht, mit seiner authentischen Persönlichkeitsstruktur übereinstimmt.

Die Entdeckung der Bedeutung der frühen Kindheitserlebnisse für die Entwicklung eines Menschen führt leicht zu einer Unterschätzung der Bedeutung späterer Ereignisse. Nach Freud ist der Charakter eines Menschen im Alter von sieben oder acht Jahren mehr oder weniger endgültig geformt, weshalb er fundamentale Veränderungen in späteren Jahren für praktisch unmöglich hielt. Aus empirischen Daten scheint jedoch hervorzugehen, dass diese Annahme die Rolle der Kindheit übertreibt. Sicher besteht die Wahrscheinlichkeit, dass die Charakterstruktur die gleiche bleibt, falls die Bedingungen, die den Charakter des Betreffenden in der Kindheit formten, dieselben bleiben. Dies trifft zugegebenermaßen auf die meisten Menschen zu, die im späteren Leben unter ähnlichen Bedingungen weiterleben, wie sie in ihrer Kindheit bestanden.

Aber Freuds Annahme hat die Aufmerksamkeit von jenen Fällen abgelenkt, bei denen es zu radikalen Veränderungen durch radikal neue Erlebnisse kommt. Es trifft dies zum Beispiel auf Menschen zu, die in ihrer ganzen Kindheit überzeugt waren, dass es keine Sympathie oder Liebe gebe, die nicht die Bezahlung für eine erwartete Dienstleistung oder eine Art Bestechung dazu wäre. Es kommt vor, dass jemand durch sein ganzes Leben geht, ohne jemals erfahren zu haben, dass sich ein anderer um ihn kümmert oder sich für ihn interessiert, der nichts von ihm will. Wenn ein solcher Mensch nun aber erlebt, dass jemand ein wirkliches Interesse an ihm hat, ohne von ihm dafür eine Gegenleistung zu verlangen, dann kann das Charakterzüge wie Misstrauen, Angst, oder das Gefühl, nicht liebenswert zu sein und dergleichen drastisch ändern. Natürlich war für Freud von seinem bürgerlichen Standpunkt aus diese Art von Erfahrung nicht zu erwarten, zumal er nicht an die Liebe glaubte.

In sehr drastischen Fällen einer Charakteränderung kann man von einer echten Bekehrung sprechen. Eine solche Bekehrung bedeutet, dass der Betreffende seine Wertbegriffe, seine Erwartungen und Einstellungen vollständig ändert, weil etwas völlig Neues in sein Leben getreten ist. Und trotzdem wären solche Bekehrungen nicht möglich, wenn der Betreffende nicht die Möglichkeit zu dem, was nun in seiner Bekehrung manifest wird, bereits in sich gehabt hätte. Ich gebe zu, dass der oberflächliche Eindruck nicht für diese Annahme spricht, doch sollte man bedenken, dass die meisten auch nichts erleben, was wirklich neu wäre. Im allgemeinen finden sie das, was sie zu finden erwarten, weshalb ihnen die Möglichkeit versperrt ist, dass eine grundlegend neue Erfahrung grundlegende Charakteränderungen bewirkt.

Die Schwierigkeit herauszufinden, wie jemand im Augenblick seiner Geburt, in den ersten Monaten oder im ersten Lebensjahr war, liegt darin, dass sich kaum jemand daran erinnern kann, was er im Alter von einem halben Jahr oder einem Jahr fühlte. Die ersten Erinnerungen reichen gewöhnlich nicht weiter zurück als bis in die ersten zwei oder drei Jahre. Hierin ist eine der Hauptschwierigkeiten in Bezug auf Freuds Annahme von der Bedeutung der frühesten Kindheit zu sehen. Er suchte sich über diese Schwierigkeit hinwegzuhelfen, indem er das Phänomen der Übertragung untersuchte. Manchmal geht das, aber wenn man die Fallgeschichten der Freudschen Schule untersucht, kann man nicht umhin festzustellen, dass sich Erlebnisse, die aus der frühesten Kindheit stammen sollen, oft als Rekonstruktion herausstellen. Diese Rekonstruktionen sind jedoch sehr unzuverlässig. Sie gründen sich auf die Postulate von Freuds Theorie, und die Überzeugung von ihrer Echtheit ist oft nur das Produkt einer subtilen Gehirnwäsche. Während der Analytiker angeblich die empirische Ebene nicht verlässt, suggeriert er dem Patienten in Wirklichkeit auf subtile Weise, was dieser angeblich erlebt hat. Nach einer langen Analyse wird dann der Patient auf Grund seiner Abhängigkeit vom Analytiker sehr oft verkünden – oder »zugeben«, wie man gelegentlich in analytischen Fallgeschichten lesen kann –, dass er tatsächlich das als richtig empfindet, was nach der theoretischen Konstruktion von ihm erwartet wird. Freilich gilt, dass der Analytiker den Patienten keineswegs zu etwas überreden sollte. Nach einer Weile hat aber der feinfühlige Patient – und hat sogar der weniger feinfühlige – »begriffen«, was der Analytiker von ihm zu hören erwartet, und er stimmt seiner Interpretation zu, während er sich in Wirklichkeit nur der Konstruktion des Analytikers über das, was da angeblich geschehen sei, fügt.

Außerdem ist zu bedenken, dass sich die Erwartungen des Analytikers nicht nur auf die Erfordernisse der Theorie, sondern auch auf die Erfordernisse der bürgerlichen Vorstellung davon gründen, was ein »normaler« Mensch ist. Wenn bei einem z.B. das Verlangen nach Freiheit und der Protest gegen heteronome Anforderungen besonders stark entwickelt sind, pflegte man anzunehmen, dass eben dieses Aufbegehren irrational und mit dem ödipalen Hass des Sohnes gegen den Vater zu erklären sei, der auf der sexuellen Rivalität bezüglich der Mutter als Frau beruhe. Die Tatsache, dass Kinder während ihrer Kindheit und auch später noch kontrolliert und manipuliert werden, wird als normal hingestellt, und das Aufbegehren dagegen gilt daher als Ausdruck von Irrationalität.

Ich möchte nun noch auf einen weiteren Faktor hinweisen, der die Sache noch mehr kompliziert und dem bisher noch wenig Beachtung geschenkt wurde. Die Beziehung zwischen Eltern und Kindern wird gewöhnlich als eine Einbahnstraße angesehen, wie wenn nur die Eltern eine Wirkung auf die Kinder ausübten. Es wird oft übersehen, dass dieser Einfluss keineswegs nur in einer Richtung verläuft. Es kommt vor, dass Eltern eine natürliche Abneigung gegen ein Kind, ja sogar gegen ein neugeborenes Baby haben, und das nicht nur aus dem oft diskutierten Grund, dass es sich um ein ungewolltes Kind handelt oder dass der betreffende Elternteil destruktiv, sadistisch oder dergleichen ist. Es kann auch daher kommen, dass das Kind und die Eltern einfach von Natur aus nicht zusammenpassen und dass ihre Beziehung sich in dieser Hinsicht nicht von einer ähnlichen Beziehung zwischen Erwachsenen unterscheidet.

Die Eltern können einfach eine Abneigung gegen die Eigenart des Kindes empfinden, das sie da zur Welt gebracht haben, und das Kind kann diese Abneigung von Anfang an spüren. Andererseits kann auch das Kind eine Abneigung gegen die Eigenart der Eltern haben, und da es der schwächere Teil ist, kann es für diese Abneigung durch alle möglichen mehr oder weniger subtilen Sanktionen bestraft werden. Kind und Mutter sind in eine Situation hineingezwungen, in der die Mutter für das Kind sorgen und das Kind die Mutter akzeptieren muss, auch wenn sie sich gegenseitig absolut nicht mögen. Das Kind kann dem nicht Ausdruck verleihen, und die Mutter hätte ein so schlechtes Gewissen, wenn sie sich eingestehen müsste, dass sie ein Kind, das sie geboren hat, nicht lieben kann, dass beide Seiten unter einem besonderen Druck leben und sich gegenseitig dafür bestrafen, dass sie in eine ungewollte Intimität hineingezwungen sind. Die Mutter gibt vor, das Kind zu lieben, und straft es auf versteckte Weise für den ihr auferlegten Zwang, und das Kind gibt auf die eine oder andere Weise vor, dass es die Mutter liebe, weil sein Leben ja völlig von ihr abhängt. In einer solchen Situation entwickelt sich sehr viel Unaufrichtigkeit, der die Kinder oft auf indirekte Weise Ausdruck verleihen, indem sie rebellieren, und die die Mütter gewöhnlich abstreiten, weil sie das Gefühl haben, dass es nichts Schändlicheres gibt, als wenn man sein eigenes Kind nicht liebt.

3. Freuds Theorie der Traumdeutung

a) Größe und Grenzen der Entdeckung der Traumdeutung

Selbst wenn Freud keine Neurosentheorie entwickelt und keine therapeutische Methode erfunden hätte, wäre er trotzdem einer der hervorragendsten Gelehrten innerhalb der Wissenschaft vom Menschen, weil er die Kunst der Traumdeutung entdeckt hat. Natürlich hat man zu allen Zeiten versucht, Träume zu deuten. Wie könnte das auch anders sein, da die Menschen doch morgens aufwachen und sich an merkwürdige Erlebnisse erinnern, die sie während des Schlafes hatten? Es hat viele Methoden der Traumdeutung gegeben, von denen sich viele auf Aberglauben und irrationale Ideen gründeten, doch weisen auch viele ein tiefes Verständnis für die Bedeutung des Traumes auf. Dieses Verständnis kommt nirgends klarer zum Ausdruck als in der Feststellung des Talmud: »Ein Traum, der nicht gedeutet wurde, ist wie ein Brief, der nicht geöffnet wurde.« Mit diesem Satz wird anerkannt, dass ein Traum eine Botschaft ist, die wir an uns selber richten und die wir verstehen müssen, um uns selber zu verstehen. Aber trotz der langen Geschichte der Traumdeutung war Freud der erste, der ihr eine systematische und wissenschaftliche Grundlage gab. Er hat uns die Werkzeuge für das Verständnis unserer Träume geliefert, die jeder benutzen kann, wenn er ihre Handhabung gelernt hat.

Man kann die Bedeutung der Traumdeutung kaum überschätzen. Vor allem gibt sie uns Kenntnis von Gefühlen und Gedanken, die in uns existieren, deren wir uns aber im wachen Zustand nicht bewusst sind. »Die Traumdeutung ist die *via regia* (der königliche Weg) zur Kenntnis des Unbewussten im Seelenleben.« (S. Freud, 1900a, S. 613.) Außerdem ist der Traum ein kreativer Akt, bei dem auch der Durchschnittsmensch zeigt, dass schöpferische Kräfte in ihm vorhanden sind, von deren Existenz er, solange er wach ist, keine Ahnung hat. Freud hat außerdem entdeckt, dass Träume nicht einfach Ausdruck unbewusster Strebungen sind, sondern dass sie gewöhnlich entstellt werden durch den Einfluss einer subtilen Zensur, die selbst im Schlaf noch vorhanden ist und uns zwingt, die wahre Bedeutung unserer Traumgedanken (den latenten Traum) so zu entstellen, dass der Zensor sozusagen hinters Licht geführt wird und zulässt, dass die verborgenen Gedanken nur dann die Grenze des Bewusstseins passieren, wenn sie genügend verhüllt sind.

Diese Auffassung führte Freud zu der Annahme, dass jeder Traum (mit Ausnahme der Träume von Kindern) entstellt ist und dass man mit Hilfe der Traumdeutung seine ursprüngliche Bedeutung wiederherstellen muss. Freud hat eine allgemeine Traumtheorie entwickelt. Er nahm an, dass der Mensch während der Nacht viele Impulse und Wünsche – besonders sexueller Art – hat, die seinen Schlaf unterbrechen würden, wenn er nicht im Traum die Erfüllung dieser Wünsche erlebte, so dass er nicht aufzuwachen braucht, um nach einer realistischen Befriedigung dafür zu suchen. Für Freud sind die Träume der verhüllte Ausdruck der Erfüllung sexueller Wünsche. Der Traum als Wunscherfüllung: Das war die grundlegende Einsicht, die Freud auf dem Gebiet der Traumdeutung entdeckt hat. Ein naheliegender Einwand gegen seine Theorie war der, dass wir auch viele Alpträume haben, die man nur schwer als Wunscherfüllung deuten kann, da sie ja so unangenehm sind, dass sie gelegentlich den Schlaf unterbrechen. Aber Freud wusste dieses Argument auf geistreiche Weise zu widerlegen. Er wies darauf hin, dass es sadistische oder masochistische Wünsche gibt, die eine große Angst hervorrufen, aber dennoch Wünsche bleiben, die der Traum befriedigt, auch wenn ein anderer Teil unseres Selbst vor dieser Art von Wünschen erschrickt.

Die Übereinstimmung von Freuds Traumdeutung mit seinem ganzen System ist so verblüffend, dass seine Auffassungen als Arbeitshypothese höchst imponierend sind. Wenn man aber andererseits Freuds Grundauffassung von der Sexualität nicht teilt, liegen doch einige andere Erwägungen nahe. So könnte man zum Beispiel, anstatt anzunehmen, dass der Traum die entstellte Wiedergabe eines Wunsches ist, die Hypothese aufstellen, dass der Traum jedes Gefühl, jeden Wunsch, jede Angst oder jeden Gedanken darstellt, falls diese nur wichtig genug sind, um im Schlaf gegenwärtig zu sein, und dass ihr Auftreten im Traum ein Zeichen für ihre Wichtigkeit ist. Ich habe bei meiner Beobachtung von Träumen gefunden, dass viele Träume keinen Wunsch enthalten, sondern vielmehr Einsichten in die eigene Situation oder in die Persönlichkeit anderer vermitteln. Um diese Funktion richtig einschätzen zu können, muss man sich die Besonderheit des Schlafzustandes klarmachen. Während des Schlafes sind wir von der Aufgabe befreit, durch Arbeit oder Verteidigung gegen mögliche Gefahren für die Erhaltung unserer Existenz zu sorgen (nur Signale einer unmittelbaren, dringenden Gefahr wecken uns auf). Wir stehen nicht unter dem Einfluss des gesellschaftlichen »Lärms«, worunter ich das verstehe, was die anderen sagen, den öffentlichen Unsinn *(common nonsense)* und das Kranksein der Gesellschaft.

Vielleicht könnte man sagen, der Schlaf ist die einzige Situation, in der wir wirklich frei sind. Das hat zwei Konsequenzen: Die eine besteht darin, dass wir die Welt subjektiv sehen und nicht von dem Standpunkt aus, der uns in unserem wachen Leben objektiv leitet, das heißt so, wie wir die Welt sehen müssen, um sie in den Griff zu bekommen. Im Traum kann zum Beispiel das Element des Feuers Liebe oder Zerstörung bedeuten, auf jeden Fall ist es ein anderes Feuer als das, auf dem man kocht. Der Traum ist poetisch und er spricht – dies ist eine weitere Konsequenz – die universale Sprache der Symbole, an der grundsätzlich alle Epochen und alle Kulturen teilhaben. Es ist genau wie die Sprache von Dichtung und Kunst eine universale Sprache, welche die Menschheit entwickelt hat. Wir sehen die Welt im Traum nicht so, wie wir sie sehen müssen, wenn wir etwas aus ihr machen wollen, sondern wir sehen sie poetisch in ihrer Bedeutung, die sie für uns besitzt.

Diese Einsicht in das Wesen des Traumes erlitt jedoch eine beträchtliche Einbuße durch die besondere Art von Freuds Persönlichkeit. Er war ein Rationalist, dem die künstlerische oder poetische Ader fehlte, weshalb er für die symbolische Sprache fast kein Gefühl hatte, ganz gleich ob sie in Träumen oder in der Dichtkunst zum Ausdruck kam. Dieser Mangel zwang ihn zu einer sehr engen Auffassung der Symbole. Für ihn war ein Symbol entweder sexueller Art – und der Bereich der Möglichkeiten ist in dieser Hinsicht ja auch recht groß, da eine Linie und ein Kreis der symbolischen Deutung einen außerordentlich weiten Spielraum lassen –, oder er behandelte die Symbole nur auf die Weise, dass er durch Assoziationen herauszufinden suchte, womit sie in Zusammenhang standen.

Es ist einer der merkwürdigsten Widersprüche, dass Freud, der Experte des Irrationalen und der Symbolik, selbst so wenig in der Lage war, die Bedeutung von Symbolen zu verstehen. Dies wird besonders augenfällig, wenn wir Freud mit einem der größten Symbolinterpreten, nämlich mit Johann Jakob Bachofen vergleichen, der die matriarchalischen Gesellschaften entdeckte. Für Bachofen besaß ein Symbol mit all seinen Verzweigungen einen Reichtum und eine Tiefe, die weit über das Wortsymbol hinausreicht. Er konnte viele, viele Seiten über ein einziges Symbol – zum Beispiel das Ei – schreiben, während Freud dieses Symbol so interpretiert hätte, dass es »offensichtlich« einen Aspekt des Sexuallebens ausdrücke. Freud brauchte für seine Traumdeutung eine fast endlose Folge von Assoziationen zu den verschiedenen Teilen des Traums, und sehr häufig wissen wir über seine Bedeutung, nachdem wir durch diesen ganzen Deutungsprozess hindurchgegangen sind, nicht viel mehr, als wir schon vorher wussten.

b) Die Rolle der Assoziationen bei der Traumdeutung

Um ein Beispiel für die Freudsche Methode der Assoziationen zu geben, muss ich einen Traum und dessen Deutung ausführlich zitieren. Es handelt sich um einen von Freud selbst geträumten Traum, der also in seine Selbstanalyse hineingehört:

Traum von der botanischen Monographie

Ich habe eine Monographie über eine gewisse Pflanze geschrieben. Das Buch liegt vor mir, ich blättere eben eine eingeschlagene farbige Tafel um. Jedem Exemplar ist ein getrocknetes Spezimen der Pflanze beigegeben, ähnlich wie aus einem Herbarium.

Analyse

Ich habe am Vormittage im Schaufenster einer Buchhandlung ein neues Buch gesehen, welches sich betitelt: Die Gattung Zyklamen – offenbar eine Monographie über die Pflanze. Zyklamen ist die Lieblingsblume meiner Frau. Ich mache mir Vorwürfe, dass ich so selten daran denke, ihr Blumen mitzubringen, wie sie sich's wünscht. – Bei dem Thema: Blumen mitbringen erinnere ich mich einer Geschichte, welche ich unlängst im Freundeskreise erzählt und als Beweis für meine Behauptung verwendet habe, dass Vergessen sehr häufig die Ausführung einer Absicht des Unbewussten sei und immerhin einen Schluss auf die geheime Gesinnung des Vergessenden gestatte.[5] Eine junge Frau, welche daran gewöhnt war, zu ihrem Geburtstage einen Strauß von ihrem Manne vorzufinden, vermisst dieses Zeichen der Zärtlichkeit an einem solchen Festtag und bricht darüber in Tränen aus. Der Mann kommt hinzu, weiß sich ihr Weinen nicht zu erklären, bis sie ihm sagt: Heute ist mein Geburtstag. Da schlägt er sich vor die Stirne, ruft aus: Entschuldige, hab' ich doch ganz daran vergessen, und will fort, ihr Blumen zu holen. Sie lässt sich aber nicht trösten, denn sie sieht in der Vergesslichkeit ihres Mannes einen Beweis dafür, dass sie in seinen Gedanken nicht mehr dieselbe Rolle spielt wie einstens. – Diese Frau L. ist meiner Frau vor zwei Tagen begegnet, hat ihr mitgeteilt, dass sie sich wohlfühlt, und sich nach mir erkundigt. Sie stand in früheren Jahren in meiner Behandlung.

5 Freud hat die Theorie einige Monate, nachdem er diesen Traum hatte, veröffentlicht (in S. Freud, 1898b). Später hat er ihn in die *Psychopathologie des Alltagslebens* (S. Freud, 1901b) hineingenommen.

Ein neuer Ansatz: Ich habe wirklich einmal etwas Ähnliches geschrieben wie eine Monographie über eine Pflanze, nämlich einen Aufsatz über die Cocapflanze (S. Freud, 1884e), welcher die Aufmerksamkeit von K. Koller auf die anästhesierende Eigenschaft des Kokains gelenkt hat. Ich hatte diese Verwendung des Alkaloids in meiner Publikation selbst angedeutet, aber war nicht gründlich genug, die Sache weiter zu verfolgen. Dazu fällt mir ein, dass ich am Vormittag des Tages nach dem Traume (zu dessen Deutung ich erst abends Zeit fand) des Kokains in einer Art von Tagesphantasie gedacht habe. Wenn ich je Glaukom bekommen sollte, würde ich nach Berlin reisen und mich dort bei meinem Berliner Freunde [Fließ], von einem Arzt, den er mir empfiehlt, inkognito operieren lassen. Der Operateur, der nicht wüsste, an wem er arbeitet, würde wieder einmal rühmen, wie leicht sich diese Operationen seit der Einführung des Kokains gestaltet haben; ich würde durch keine Miene verraten, dass ich an dieser Entdeckung selbst einen Anteil habe. An diese Phantasie schlossen sich Gedanken an, wie unbequem es doch für den Arzt sei, ärztliche Leistungen von Seiten der Kollegen für seine Person in Anspruch zu nehmen. Den Berliner Augenarzt, der mich nicht kennt, würde ich wie ein anderer entlohnen können. Nachdem dieser Tagtraum mir in den Sinn gekommen, merke ich erst, dass sich die Erinnerung an ein bestimmtes Erlebnis hinter ihm verbirgt. Kurz nach der Entdeckung Kollers war nämlich mein Vater an Glaukom erkrankt; er wurde von meinem Freunde, dem Augenarzt Dr. Königstein, operiert, Dr. Koller besorgte die Kokainanästhesie und machte dann die Bemerkung, dass bei diesem Falle alle die drei Personen sich vereinigt fänden, die an der Einführung des Kokains Anteil gehabt haben.

Meine Gedanken gehen nun weiter, wann ich zuletzt an diese Geschichte des Kokains erinnert worden bin. Es war dies vor einigen Tagen, als ich die Festschrift in die Hand bekam, mit deren Erscheinen dankbare Schüler das Jubiläum ihres Lehrers und Laboratoriumsvorstandes gefeiert hatten. Unter den Ruhmestiteln des Laboratoriums fand ich auch angeführt, dass dort die Entdeckung der anästhesierenden Eigenschaften des Kokains durch K. Koller vorgefallen sei. Ich bemerkte nun plötzlich, dass mein Traum mit einem Erlebnis des Abends vorher zusammenhängt. Ich hatte gerade Dr. Königstein nach Hause begleitet, mit dem ich in ein Gespräch über eine Angelegenheit geraten war, die mich jedesmal, wenn sie berührt wird, lebhaft erregt. Als ich mich in dem Hausflur mit ihm aufhielt, kam Professor Gärtner mit seiner jungen Frau hinzu. Ich konnte mich nicht enthalten, die beiden darüber zu beglückwünschen, wie blühend sie aussehen. Nun ist Professor Gärtner einer der Verfasser der Festschrift, von der ich eben sprach, und konnte mich wohl an diese erinnern. Auch Frau L., deren Geburtstagsenttäuschung ich unlängst erzählte, war im Gespräch mit Dr. Königstein, in anderem Zusammenhang allerdings, erwähnt worden.

Ich will versuchen, auch die anderen Bestimmungen des Trauminhalts zu deuten. Ein getrocknetes Spezimen der Pflanze liegt der Monographie bei, als ob es ein Herbarium wäre. Ans Herbarium knüpft sich eine Gymnasialerinnerung. Unser Gymnasialdirektor rief einmal die Schüler der höheren Klassen zusammen, um ihnen das Herbarium der Anstalt zur Durchsicht und zur Reinigung zu übergeben. Es hatten sich kleine Würmer eingefunden – Bücherwurm. Zu meiner Hilfeleistung scheint er nicht Zutrauen gezeigt zu haben, denn er überließ mir nur wenige Blätter. Ich weiß noch heute, dass Kruziferen darauf waren. Ich hatte niemals ein besonders intimes Verhältnis zur Botanik. Bei meiner botanischen Vorprüfung bekam ich wiederum eine Kruzifere zur Bestimmung und – erkannte sie nicht. Es wäre mir schlecht ergangen, wenn nicht meine theoretischen Kenntnisse mir herausgeholfen hätten. – Von den Kruziferen gerate ich auf die Kompositen. Eigentlich ist auch die Artischocke eine Komposite, und zwar die, welche ich meine Lieblingsblume heißen könnte. Edler als ich, pflegt meine Frau mir diese Lieblingsblume vom Markte heimzubringen.

Ich sehe die Monographie vor mir liegen, die ich geschrieben habe. Auch dies ist nicht ohne Bezug. Mein visueller Freund [Fließ] schrieb mir gestern aus Berlin: »Mit deinem Traumbuche beschäftige ich mich sehr viel. Ich sehe es fertig vor mir liegen und blättere darin.«[6] Wie habe ich ihn um diese Sehergabe beneidet! Wenn ich es doch auch schon fertig vor mir liegen sehen könnte!

Die zusammengelegte farbige Tafel: Als ich Student der Medizin war, litt ich viel unter dem Impuls, nur aus Monographien lernen zu wollen. Ich hielt mir damals, trotz meiner beschränkten Mittel, mehrere medizinische Archive, deren farbige Tafeln mein Entzücken waren. Ich war stolz auf diese Neigung zur Gründlichkeit. Als ich dann selbst zu publizieren begann, musste ich auch die Tafeln für meine Abhandlungen zeichnen, und ich weiß, dass eine derselben so kümmerlich ausfiel, dass mich ein wohlwollender Kollege ihretwegen verhöhnte. Dazu kommt noch, ich weiß nicht recht wie, eine sehr frühe Jugenderinnerung. Mein Vater machte sich einmal den Scherz, mir und meiner ältesten Schwester ein Buch mit farbigen Tafeln (Beschreibung einer Reise in Persien) zur Vernichtung zu überlassen. Es war erziehlich kaum zu rechtfertigen. Ich war damals fünf Jahre, die Schwester unter drei Jahren alt, und das Bild, wie wir Kinder überselig dieses Buch zerpflückten (wie eine Artischocke, Blatt für Blatt, muss ich sagen), ist nahezu das einzige, was mir aus dieser Lebenszeit in plastischer Erinnerung geblieben ist. Als ich dann Student wurde, entwickelte sich bei mir eine ausgesprochene Vorliebe, Bücher zu sammeln und zu besitzen (analog der Neigung, aus Monographien zu studieren, eine Liebhaberei, wie sie in den Traumgedanken betreffs Zyklamen und Artischocke bereits vorkommt). Ich wurde ein Bücherwurm (vgl. Herbarium). Ich habe diese erste Leidenschaft meines Lebens, seitdem ich über mich nachdenke, immer auf diesen Kindereindruck zurückgeführt, oder vielmehr, ich habe erkannt, dass diese Kinderszene eine »Deckerinnerung« für meine spätere Bibliophilie ist (vgl. meine Abhandlung über Deckerinnerungen [in S. Freud, 1899a]). Natürlich habe ich auch frühzeitig erfahren, dass man durch Leidenschaften leicht in

6 Freuds Antwort auf diesen Brief von Fließ stammt vom 10. März 1898 (S. Freud, 1950a, S. 262 f.), so dass er den Traum höchstens einen oder zwei Tage zuvor geträumt haben muss.

Leiden gerät. Als ich siebzehn Jahre alt war, hatte ich ein ansehnliches Konto beim Buchhändler und keine Mittel, es zu begleichen, und mein Vater ließ es kaum als Entschuldigung gelten, dass sich meine Neigungen auf nichts Böseres geworfen hatten. Die Erwähnung dieses späteren Jugenderlebnisses bringt mich aber sofort zu dem Gespräch mit meinem Freunde Dr. Königstein zurück. Denn um dieselben Vorwürfe wie damals, dass ich meinen Liebhabereien zuviel nachgebe, handelte es sich auch im Gespräch am Abend des Traumtages.

Aus Gründen, die nicht hierher gehören, will ich die Deutung dieses Traumes nicht verfolgen, sondern bloß den Weg angeben, welcher zu ihr führt. Während der Deutungsarbeit bin ich an das Gespräch mit Dr. Königstein erinnert worden, und zwar von mehr als einer Stelle aus. Wenn ich mir vorhalte, welche Dinge in diesem Gespräch berührt worden sind, so wird der Sinn des Traumes mir verständlich. Alle angefangenen Gedankengänge, von den Liebhabereien meiner Frau und meinen eigenen, vom Kokain, von den Schwierigkeiten ärztlicher Behandlung unter Kollegen, von meiner Vorliebe für monographische Studien und meiner Vernachlässigung gewisser Fächer wie der Botanik, dies alles erhält dann seine Fortsetzung und mündet in irgendeinen der Fäden der vielverzweigten Unterredung ein. Der Traum bekommt wieder den Charakter einer Rechtfertigung, eines Plädoyers für mein Recht, wie der erstanalysierte Traum von Irmas Injektion; ja er setzt das dort begonnene Thema fort und erörtert es an einem neuen Material, welches im Intervall zwischen beiden Träumen hinzugekommen ist. Selbst die scheinbar indifferente Ausdrucksform des Traumes bekommt einen Akzent. Es heißt jetzt: Ich bin doch der Mann, der die wertvolle und erfolgreiche Abhandlung (über das Kokain) geschrieben hat, ähnlich wie ich damals zu meiner Rechtfertigung vorbrachte: Ich bin doch ein tüchtiger und fleißiger Student; in beiden Fällen also: Ich darf mir das erlauben. Ich kann aber auf die Ausführung der Traumdeutung hier verzichten, weil mich zur Mitteilung des Traumes nur die Absicht bewogen hat, an einem Beispiel die Beziehung

> des Trauminhalts zu dem erregenden Erlebnis des Vortages zu untersuchen. Solange ich von diesem Traume nur den manifesten Inhalt kenne, wird mir nur eine Beziehung des Traumes zu einem Tageseindruck augenfällig; nachdem ich die Analyse gemacht habe, ergibt sich eine zweite Quelle des Traumes in einem anderen Erlebnis desselben Tages. Der erste der Eindrücke, auf welche sich der Traum bezieht, ist ein gleichgültiger, ein Nebenumstand. Ich sehe im Schaufenster ein Buch, dessen Titel mich flüchtig berührt, dessen Inhalt mich kaum interessieren dürfte. Das zweite Erlebnis hatte einen hohen psychischen Wert; ich habe mit meinem Freund, dem Augenarzt, wohl eine Stunde lang eifrig gesprochen, ihm Andeutungen gemacht, die uns beiden nahegehen mussten, und Erinnerungen in mir wachgerufen, bei denen die mannigfaltigsten Erregungen meines Innern mir bemerklich wurden. Überdies wurde dieses Gespräch unvollendet abgebrochen, weil Bekannte hinzukamen. (S. Freud, 1900a, S. 175–180.)

Was finden wir, wenn wir nun selbst Freuds Analyse analysieren? Er bringt verschiedene Assoziationen zu dem Traum. Eine handelt von der jungen Frau, die sich darüber beklagt, dass ihr Mann vergessen habe, ihr zum Geburtstag Blumen zu bringen. Eine andere Assoziation bezieht sich auf seine Arbeit über die Kokapflanze, die die Aufmerksamkeit Karl Kollers auf die anästhesierenden Eigenschaften des Kokains gelenkt hatte. Die getrocknete Pflanze führt zu Assoziationen aus seinem Schulleben, wo der Lehrer ihm die Aufgabe gestellt hatte, ein Herbarium in Ordnung zu bringen. Als er die Monographie vor sich liegen sieht, erinnert ihn das an etwas, das ihm sein Freund Fließ tags zuvor geschrieben hatte, und die zusammengefalteten farbigen Tafeln führen zu einer Assoziation über seine Fähigkeit, selbst farbige Platten herzustellen, und zu seiner Leidenschaft, Bücher zu kaufen. Anschließend spricht er über eine Unterhaltung mit Dr. Königstein.

Wenn wir uns fragen, welche Einsichten wir in Freuds Persönlichkeit durch seine Deutung dieses Traumes gewinnen, so müssen wir, fürchte ich, zugeben, dass wir auf die Weise, wie er den Traum interpretiert, so gut wie nichts über ihn selbst erfahren. Und trotzdem liegt die Bedeutung des Traumes so offen vor Augen und ist tatsächlich auch so außerordentlich wichtig als Schlüssel zum Verständnis von Freuds Persönlichkeit. Eine Blume ist ein Symbol von Liebe, Eros, Freundschaft und Freude. Was hat nun aber Freud mit der Liebe und der Freude gemacht? Er hat sie in Gegenstände der wissenschaftlichen Forschung verwandelt; er hat die Liebe und die Freude aus der Blume entfernt, die nun vertrocknet und zu einem Objekt der wissenschaftlichen Forschung geworden ist. Was könnte für Freuds ganzes Leben charakteristischer sein? Er hat die Liebe (nach seiner Auffassung die Sexualität) in einen Gegenstand wissenschaftlicher Beobachtung verwandelt, und sie ist bei diesem Prozess vertrocknet und hat ihre Bedeutung als menschliche Erfahrung verloren. Liebe als Gegenstand der Wissenschaft anstelle von menschlichem Erleben – das ist es, was Freud so deutlich in diesem Traum ausdrückt. Aber indem er Assoziation an Assoziation reiht, kommt er praktisch zu keinem Ergebnis, es gelingt ihm vielmehr, das Gewahrwerden der Bedeutung des Traumes zu verhindern, nämlich dass sich die Liebe für ihn von etwas Lebendigem in einen Gegenstand der Wissenschaft gewandelt hat. Dieser Traum ist wie so viele andere ein Beispiel dafür, dass Freud es durch unzählige Assoziationen sehr oft fertigbringt, die wahre Bedeutung des Traumes zu verbergen, weil er diese Bedeutung nicht sehen will. So ist Freuds Methode des endlosen Assoziierens zugleich ein Ausdruck seines Widerstandes gegen das Verstehen der wahren Bedeutung seiner Träume.

c) Die Grenzen von Freuds eigener Traumdeutung

Der folgende Traum weist nicht die Züge der obigen Traumdeutung auf, welche in der Häufung endloser Assoziationen besteht. Die Verwendung von Assoziationen erfolgt hier auf relativ einfache Weise.

Das Bemerkenswerte ist Freuds Widerstand gegen die Deutung des recht durchsichtigen Materials. Er schreibt:

> Im Frühjahr 1897 erfuhr ich, dass zwei Professoren unserer Universität mich für die Ernennung zum *Prof. extraord.*[7] vorgeschlagen hatten. Diese Nachricht kam mir überraschend und erfreute mich lebhaft als Ausdruck einer durch persönliche Beziehungen nicht aufzuklärenden Anerkennung von Seiten zweier hervorragender Männer. Ich sagte mir aber sofort, dass ich an dieses Ereignis keine Erwartungen knüpfen dürfe. Das Ministerium hatte in den letzten Jahren Vorschläge solcher Art unberücksichtigt gelassen, und mehrere Kollegen, die mir an Jahren voraus waren und an Verdiensten mindestens gleichkamen, warteten seitdem vergebens auf ihre Ernennung. Ich hatte keinen Grund anzunehmen, dass es mir besser ergehen würde. Ich beschloss also bei mir, mich zu trösten. Ich bin, soviel ich weiß, nicht ehrgeizig, übe meine ärztliche Tätigkeit mit zufriedenstellendem Erfolg aus, auch ohne dass mich ein Titel empfiehlt. Es handelte sich übrigens gar nicht darum, ob ich die Trauben für süß oder sauer erklärte, da sie unzweifelhaft zu hoch für mich hingen.
>
> Eines Abends besuchte mich ein befreundeter Kollege [R.], einer von denjenigen, deren Schicksal ich mir zur Warnung hatte dienen lassen. Seit längerer Zeit ein Kandidat für die Beförderung zum Professor, die den Arzt in unserer Gesellschaft zum Halbgott für seine Kranken erhebt, und minder resigniert als ich, pflegte er von Zeit zu Zeit seine Vorstellung in den Bureaus des Hohen Ministeriums zu machen, um seine Angelegenheit zu fördern. Von einem solchen Besuche kam er zu mir. Er erzählte, dass er diesmal den hohen Herrn in die Enge getrieben und ihn geradeheraus befragt

7 Derartige Berufungen zum *Professor extraordinarius* wurden in Österreich stets vom Unterrichtsminister vorgenommen. Freud berichtet in einem Brief an Fließ vom 8. Februar 1897 (S. Freud, 1950a, S. 203 ff.), dass man ihn vorgeschlagen habe, und er erwähnt den Traum selbst in einem Brief vom 15. März 1898 (ebd., S. 263 ff.).

habe, ob an dem Aufschub seiner Ernennung wirklich konfessionelle Rücksichten die Schuld trügen.[8] Die Antwort hatte gelautet, dass allerdings – bei der gegenwärtigen Strömung – Se. Exzellenz vorläufig nicht in der Lage sei usw. »Nun weiß ich wenigstens, woran ich bin«, schloss mein Freund seine Erzählung, die mir nichts Neues brachte, mich aber in meiner Resignation bestärken musste. Dieselben konfessionellen Rücksichten sind nämlich auch auf meinen Fall anwendbar.

Am Morgen nach diesem Besuch hatte ich folgenden Traum, der auch durch seine Form bemerkenswert war. Er bestand aus zwei Gedanken und zwei Bildern, so dass ein Gedanke und ein Bild einander ablösten. Ich setze aber nur die erste Hälfte des Traumes hieher, da die andere mit der Absicht nichts zu tun hat, welcher die Mitteilung des Traumes dienen soll.

I. (...) Freund R. ist mein Onkel – Ich empfinde große Zärtlichkeit für ihn.

II. Ich sehe sein Gesicht etwas verändert vor mir. Es ist wie in die Länge gezogen, ein gelber Bart, der es umrahmt, ist besonders deutlich hervorgehoben.

Dann folgen die beiden anderen Stücke, wieder ein Gedanke und ein Bild, die ich übergehe.

Die Deutung dieses Traumes vollzog sich folgendermaßen: Als mir der Traum im Laufe des Vormittags einfiel, lachte ich auf und sagte: Der Traum ist Unsinn. Er ließ sich aber nicht abtun und ging mir den ganzen Tag nach, bis ich mir endlich am Abend Vorwürfe machte: »Wenn einer deiner Patienten zur Traumdeutung nichts zu sagen wüsste als: Das ist ein Unsinn, so würdest du es ihm verweisen und vermuten, dass sich hinter dem Traum eine unangenehme Geschichte versteckt, welche zur Kenntnis zu nehmen er sich ersparen will. Verfahr' mit dir selbst ebenso; deine Meinung, der Traum sei ein Unsinn, bedeutet nur einen inneren Widerstand

---

8 Die »konfessionellen Rücksichten« beziehen sich natürlich auf den Antisemitismus, der in Wien bereits während der letzten Jahre des neunzehnten Jahrhunderts weit verbreitet war.

gegen die Traumdeutung. Lass dich nicht abhalten!« Ich machte mich also an die Deutung.

»R. ist mein Onkel.« Was kann das heißen? Ich habe doch nur einen Onkel gehabt, den Onkel Josef. (Es ist merkwürdig, wie sich hier meine Erinnerung – im Wachen – für die Zwecke der Analyse einschränkt. Ich habe fünf von meinen Onkeln gekannt, einen von ihnen geliebt und geehrt. In dem Augenblicke aber, da ich den Widerstand gegen die Traumdeutung überwunden habe, sage ich mir: Ich habe doch nur einen Onkel gehabt, den, der eben im Traum gemeint ist.) Mit dem war's allerdings eine traurige Geschichte. Er hatte sich einmal, es sind mehr als dreißig Jahre her, in gewinnsüchtiger Absicht zu einer Handlung verleiten lassen, welche das Gesetz schwer bestraft, und wurde dann auch von der Strafe getroffen. Mein Vater, der damals aus Kummer in wenigen Tagen grau wurde, pflegte immer zu sagen, Onkel Josef sei nie ein schlechter Mensch gewesen, wohl aber ein Schwachkopf; so drückte er sich aus. Wenn also Freund R. mein Onkel Josef ist, so will ich damit sagen: R. ist ein Schwachkopf. Kaum glaublich und sehr unangenehm! Aber da ist ja jenes Gesicht, das ich im Traum sehe, mit den länglichen Zügen und dem gelben Bart. Mein Onkel hatte wirklich so ein Gesicht, länglich, von einem schönen blonden Bart umrahmt. Mein Freund R. war intensiv schwarz, aber wenn die Schwarzhaarigen zu ergrauen anfangen, so büßen sie für die Pracht ihrer Jugendjahre. Ihr schwarzer Bart macht Haar für Haar eine unerfreuliche Farbenwandlung durch; er wird zuerst rotbraun, dann gelbbraun, dann erst definitiv grau. In diesem Stadium befindet sich jetzt der Bart meines Freundes R.; übrigens auch schon der meinige, wie ich mit Missvergnügen bemerke. Das Gesicht, das ich im Traum sehe, ist gleichzeitig das meines Freundes R. und das meines Onkels. Es ist wie eine Mischphotographie von Galton, der, um Familienähnlichkeiten zu eruieren, mehrere Gesichter auf die nämliche Platte photographieren ließ. [F. Galton, 1907, S. 6 ff. und S. 221 ff.] Es ist also kein Zweifel möglich, ich meine wirklich, dass Freund R. ein Schwachkopf ist – wie mein Onkel Josef.

Ich ahne noch gar nicht, zu welchem Zweck ich diese Beziehung hergestellt, gegen die ich mich unausgesetzt sträuben muss. Sie ist doch nicht sehr tief gehend, denn der Onkel war ein Verbrecher, mein Freund R. ist unbescholten. Etwa bis auf die Bestrafung dafür, dass er mit dem Rad einen Lehrbuben niedergeworfen. Sollte ich diese Untat meinen? Das hieße die Vergleichung ins Lächerliche ziehen. Da fällt mir aber ein anderes Gespräch ein, das ich vor einigen Tagen mit meinem anderen Kollegen N., und zwar über das gleiche Thema hatte. Ich traf N. auf der Straße; er ist auch zum Professor vorgeschlagen, wusste von meiner Ehrung und gratulierte mir dazu. Ich lehnte entschieden ab. »Gerade Sie sollten sich den Scherz nicht machen, da Sie den Wert des Vorschlags an sich selbst erfahren haben.« Er darauf wahrscheinlich nicht ernsthaft: »Das kann man nicht wissen. Gegen mich liegt ja etwas Besonderes vor. Wissen Sie nicht, dass eine Person einmal eine gerichtliche Anzeige gegen mich erstattet hat? Ich brauche Ihnen nicht zu versichern, dass die Untersuchung eingestellt wurde; es war ein gemeiner Erpressungsversuch; ich hatte noch alle Mühe, die Anzeigerin selbst vor Bestrafung zu retten. Aber vielleicht macht man im Ministerium diese Angelegenheit gegen mich geltend, um mich nicht zu ernennen. Sie aber, Sie sind unbescholten.« Da habe ich ja den Verbrecher, gleichzeitig aber auch die Deutung und Tendenz meines Traumes. Mein Onkel Josef stellt mir da beide nicht zu Professoren ernannten Kollegen dar, den einen als Schwachkopf, den anderen als Verbrecher. Ich weiß jetzt auch, wozu ich diese Darstellung brauche. Wenn für den Aufschub der Ernennung meiner Freunde R. und N. »konfessionelle« Rücksichten maßgebend sind, so ist auch meine Ernennung in Frage gestellt; wenn ich aber die Zurückweisung der beiden auf andere Gründe schieben kann, die mich nicht treffen, so bleibt mir die Hoffnung ungestört. So verfährt mein Traum; er macht den einen, R., zum Schwachkopf, den anderen, N., zum Verbrecher; ich bin aber weder das eine noch das andere; unsere Gemeinsamkeit ist aufgehoben, ich darf mich auf meine Ernennung zum Professor freuen und bin der peinlichen Anwendung entgangen, die ich aus

R.'s Nachricht, was ihm der hohe Beamte bekannt, für meine eigene Person hätte machen müssen.

Ich muss mich mit der Deutung dieses Traumes noch weiter beschäftigen. Er ist für mein Gefühl noch nicht befriedigend erledigt, ich bin noch immer nicht über die Leichtigkeit beruhigt, mit der ich zwei geachtete Kollegen degradiere, um mir den Weg zur Professur frei zu halten. Meine Unzufriedenheit mit meinem Vorgehen hat sich allerdings bereits ermäßigt, seitdem ich den Wert der Aussagen im Traum zu würdigen weiß. Ich würde gegen jedermann bestreiten, dass ich R. wirklich für einen Schwachkopf halte und dass ich N.'s Darstellung jener Erpressungsaffäre nicht glaube. Ich glaube ja auch nicht, dass Irma durch eine Infektion Ottos mit einem Propylenpräparat gefährlich krank geworden ist; es ist, hier wie dort, *nur mein Wunsch, dass es sich so verhalten möge,* den mein Traum ausdrückt. Die Behauptung, in welcher sich mein Wunsch realisiert, klingt im zweiten Traum minder absurd als im ersten; sie ist hier mit geschickter Benützung tatsächlicher Anhaltspunkte geformt, etwa wie eine gut gemachte Verleumdung, an der »etwas dran ist«, denn Freund R. hatte seinerzeit das Votum eines Fachprofessors gegen sich, und Freund N. hat mir das Material für die Anschwärzung arglos selbst geliefert. Dennoch, ich wiederhole es, scheint mir der Traum weiterer Aufklärung bedürftig.

Ich entsinne mich jetzt, dass der Traum noch ein Stück enthielt, auf welches die Deutung bisher keine Rücksicht genommen hat. Nachdem mir eingefallen, R. ist mein Onkel, empfinde ich im Traum warme Zärtlichkeit für ihn. Wohin gehört diese Empfindung? Für meinen Onkel Josef habe ich zärtliche Gefühle natürlich niemals gehabt. Freund R. ist mir seit Jahren lieb und teuer; aber käme ich zu ihm und drückte ihm meine Zuneigung in Worten aus, die annähernd dem Grad meiner Zärtlichkeit im Traume entsprechen, so wäre er ohne Zweifel erstaunt. Meine Zärtlichkeit gegen ihn erscheint mir unwahr und übertrieben, ähnlich wie mein Urteil über seine geistigen Qualitäten, das ich durch die Verschmelzung seiner Persönlichkeit mit der des Onkels ausdrücke; aber in entgegengesetztem Sinne übertrieben. Nun dämmert mir aber ein neuer Sachverhalt. Die Zärtlichkeit des Traumes gehört nicht zum latenten Inhalt, zu den Gedanken hinter dem Traume; sie steht im Gegensatz zu diesem Inhalt; sie ist geeignet, mir die Kenntnis der Traumdeutung zu verdecken. Wahrscheinlich ist gerade dies ihre Bestimmung. Ich erinnere mich, mit welchem Widerstand ich an die Traumdeutung ging, wie lange ich sie aufschieben wollte und den Traum für baren Unsinn erklärte. Von meinen psychoanalytischen Behandlungen her weiß ich, wie ein solches Verwerfungsurteil zu deuten ist. Es hat keinen Erkenntniswert, sondern bloß den einer Affektäußerung. Wenn meine kleine Tochter einen Apfel nicht mag, den man ihr angeboten hat, so behauptet sie, der Apfel schmeckt bitter, ohne ihn auch nur gekostet zu haben. Wenn meine Patienten sich so benehmen wie die Kleine, so weiß ich, dass es sich bei ihnen um eine Vorstellung handelt, welche sie *verdrängen* wollen. Dasselbe gilt für meinen Traum. Ich mag ihn nicht deuten, weil die Deutung etwas enthält, wogegen ich mich sträube. Nach vollzogener Traumdeutung erfahre ich, wogegen ich mich gesträubt hatte; es war die Behauptung, dass R. ein Schwachkopf ist. Die Zärtlichkeit, die ich gegen R. empfinde, kann ich nicht auf die latenten Traumgedanken, wohl aber auf dies mein Sträuben zurückführen. Wenn mein Traum im Vergleich zu seinem latenten Inhalt in diesem Punkte entstellt, und zwar ins Gegensätzliche entstellt ist, so dient die im Traum manifeste Zärtlichkeit dieser Entstellung oder, mit anderen Worten, die *Entstellung* erweist sich hier als absichtlich, als ein Mittel der *Verstellung*. Meine Traumgedanken enthalten eine Schmähung für R.; damit ich diese nicht merke, gelangt in den Traum das Gegenteil, ein zärtliches Empfinden für ihn.

Es könnte dies eine allgemeingültige Erkenntnis sein. Wie die Beispiele in Abschnitt [Kapitel] III [«Der Traum ist eine Wunscherfüllung«] gezeigt haben, gibt es ja Träume, welche unverhüllte Wunscherfüllungen sind. Wo die Wunscherfüllung unkenntlich, verkleidet ist, da müsste eine Tendenz zur Abwehr gegen diesen Wunsch vorhanden sein, und infolge dieser Abwehr könnte der

> Wunsch sich nicht anders als entstellt zum Ausdruck bringen. Ich will zu diesem Vorkommnis aus dem psychischen Binnenleben das Seitenstück aus dem sozialen Leben suchen. Wo findet man im sozialen Leben eine ähnliche Entstellung eines psychischen Akts? Nur dort, wo es sich um zwei Personen handelt, von denen die eine eine gewisse Macht besitzt, die zweite wegen dieser Macht eine Rücksicht zu nehmen hat. Diese zweite Person entstellt dann ihre psychischen Akte, oder, wie wir auch sagen können, sie *verstellt* sich. Die Höflichkeit, die ich alle Tage übe, ist zum guten Teil eine solche Verstellung; wenn ich meine Träume für den Leser deute, bin ich zu solchen Entstellungen genötigt. (S. Freud, 1900a, S. 142–147.)

Freud deutet den Traum richtig: Wenn er sagt, dass er seinen Freund R. als seinen Onkel gesehen habe, so bedeutet das eine abfällige Beurteilung R.s, da sein Onkel ja eine Art Verbrecher gewesen war. Er interpretiert den Traum mit Hilfe einiger einfacher Assoziationen im Zusammenhang mit zweien seiner Kollegen, denen eine Professur in Aussicht gestellt worden war, die sie aber nicht erhalten hatten, weil der eine ein Schwachkopf und der andere ein Verbrecher war. So würden sie nicht deshalb übergangen, weil sie Juden waren, und Freud konnte eher darauf hoffen, doch noch zum Professor ernannt zu werden. Er spricht von dem starken Widerstand, den er dagegen empfunden habe, diesen Traum zu deuten, und bemerkt nebenbei, »aus Höflichkeit« gegenüber seinen Lesern sehe er sich veranlasst, die Interpretation seiner Träume weitgehend zu entstellen.

Freud unterschlägt hier offensichtlich die Tatsache, dass sein Traum bedeutet, dass sein starkes Verlangen, Professor zu werden, ihn zu dem Wunsch veranlasst, die zwei jüdischen Mitbewerber hätten aus anderen als aus religiösen Gründen die Professur nicht erhalten. Freud kommt später noch einmal auf diesen Traum zurück und spricht von der Vermutung, dass er Wünsche und Impulse aus seiner Kinderzeit enthalte, die in ihm weiterlebten. Da er nicht erkannte, dass die Herabsetzung seiner Freunde durch seinen eigenen Wunsch, Professor zu werden, verursacht war, erklärt er ganz im Gegenteil »die Zärtlichkeit des Traumes für Freund R. als eine Oppositions- und Trotzschöpfung gegen die Schmähung der beiden Kollegen, die in den Traumgedanken enthalten war« (S. Freud, 1900a, S. 197). Aber er fährt fort:

> Der Traum war mein eigener; ich darf darum dessen Analyse mit der Mitteilung fortsetzen, dass mein Gefühl durch die erreichte Lösung noch nicht befriedigt war. Ich wusste, dass mein Urteil über die in den Traumgedanken misshandelten Kollegen im Wachen ganz anders gelautet hatte; die Macht, ihr Schicksal in betreff der Ernennung nicht zu teilen, erschien mir zu gering, um den Gegensatz zwischen wacher und Traumschätzung voll aufzuklären. Wenn mein Bedürfnis, mit einem anderen Titel angeredet zu werden, so stark sein sollte, so beweist dies einen krankhaften Ehrgeiz, den ich nicht an mir kenne, den ich ferne von mir glaube. Ich weiß nicht, wie andere, die mich zu kennen glauben, in diesem Punkte über mich urteilen würden; vielleicht habe ich auch wirklich Ehrgeiz besessen; aber wenn, so hat er sich längst auf andere Objekte als auf Titel und Rang eines *Professor extraordinarius* geworfen. (S. Freud, 1900a, S. 197 f.)

Diese letzte Behauptung ist in der Tat sehr bemerkenswert. Sie entspricht der Logik: »Es kann nicht sein, was nicht sein darf.« Seiner eigenen Meinung nach war Freud nicht besonders ehrgeizig. Die Formulierung des entscheidenden Satzes ist interessant. Er spricht von seinem »Bedürfnis«, mit einem anderen Titel angeredet zu werden, und verschleiert damit das ganze Problem. An anderer Stelle sagt er, der Professor sei für seine Patienten ein Halbgott. Der Titel war für sein soziales Prestige und zumindest für sein Einkommen von größter Bedeutung. Wenn er das jetzt auf die harmlose Erklärung zurückführt, dass er den Wunsch hatte, mit einem anderen Titel angeredet zu werden, so als ob es ihm im Grunde genommen nur sehr wenig bedeutete, dann verleugnet er damit wiederum seinen ehrgeizigen Wunsch, zum Professor ernannt zu werden.

Außerdem besteht er darauf, dass er einen krankhaften Ehrgeiz bei sich nicht kenne; und wiederum vertuscht er die Situation, indem er den Ehrgeiz als krankhaft bezeichnet. Was soll denn krankhaft an einem Ehrgeiz sein, wenn er Professor werden möchte, ein Ziel, das er an anderer Stelle als recht wichtig für sich bezeichnet und das im Gegenteil ziemlich normal war? Er überlässt es anderen, ihn in dieser Hinsicht zu beurteilen, doch schränkt er auch dies wieder ein, indem er von Leuten spricht, »die mich zu kennen glauben«, und nicht von solchen, »die mich kennen«, und schließlich bagatellisiert er das gesamte Problem, indem er sagt, wenn er wirklich Ehrgeiz besessen habe, so habe sich dieser »längst auf andere Objekte als auf Titel und Rang eines *Professor extraordinarius* geworfen« (S. Freud, 1900a, S. 198). Dann aber findet Freud wieder eine neue Formulierung. Als er wiederum von dem Ehrgeiz spricht, der den Traum produzierte, stellt er lediglich die Frage nach seinem Ursprung. Er weist jetzt auf ein Ereignis aus seiner Kindheit hin, als ein gewerbsmäßiger Wahrsager behauptet hatte, er werde eines Tages Minister werden. (Es war in der Zeit des Bürgerministeriums, in dem es auch einige Minister gab, die Juden waren.) Mit anderen Worten, »jeder fleißige Judenknabe trug also das Ministerportefeuille in seiner Schultasche«, und Freud bemerkt weiter: »Es muss mit den Eindrücken jener Zeit zusammenhängen, dass ich bis kurz vor der Inskription an der Universität willens war, Jura zu studieren, und erst im letzten Moment umsattelte.« (S. Freud, 1900a, S. 199.)

Es ist dies in der Tat ein recht starker Beweis für Freuds Streben nach Ruhm, und die Welt hätte fast auf die Gaben dieses Genies verzichten müssen, wenn Freud sich entschlossen hätte, Rechtsanwalt zu werden. Er geht aber noch einen Schritt weiter, indem er sagt, der Traum habe ihm tatsächlich seinen damaligen Wunsch, Minister zu werden, erfüllt: »Indem ich die beiden gelehrten und achtenswerten Kollegen, weil sie Juden sind, so schlecht behandle, den einen, als ob er ein Schwachkopf, den anderen, als ob er ein Verbrecher wäre, indem ich so verfahre, benehme ich mich, als ob ich der Minister wäre, habe ich mich an die Stelle des Ministers gesetzt. Welch gründliche Rache an Seiner Exzellenz! Er verweigert es, mich zum *Professor extraordinarius* zu ernennen, und ich setze mich dafür im Traum an seine Stelle.«[9] Freud, der seinen Ehrgeiz als Erwachsener so beharrlich leugnet, behauptet, es handele sich in Wirklichkeit um den Ehrgeiz des Kindes und nicht um den des Erwachsenen.

Wir haben hier eine der Prämissen von Freuds Denken vor uns. Alle Eigenschaften, die er mit der Vorstellung eines angesehenen Wissenschaftlers, wie er selbst es war, für nicht vereinbar hält, verbannt er in die Kindheit und gibt damit zu verstehen, dass sie nicht zu der Erlebniswelt des Erwachsenen gehören. Die Annahme, dass alle neurotischen Tendenzen in der Kindheit entstehen, schützt den Erwachsenen vor dem Verdacht, neurotisch zu sein. Tatsächlich war Freud ein stark neurotischer Mensch, doch war es ihm unmöglich, sich für einen solchen zu halten und gleichzeitig das Gefühl zu haben, einen normalen, angesehenen Beruf auszuüben. Daher betrachtete er alles, was nicht in das Bild des normalen Menschen passte, als Kindheitsmaterial und nahm von diesem Material nicht an, dass es im Erwachsenen noch voll lebendig und gegenwärtig sei. Das alles hat sich natürlich in den letzten 50 Jahren geändert, denn inzwischen sind die Neurosen respektabel geworden, und das Bild des vernünftigen, gesunden, normalen, erwachsenen Bürgers wurde von der kulturellen Szene verbannt. Für Freud aber besaß es noch eine starke Macht, und nur wenn man das ganz begreift, kann man Freuds Bestreben verstehen, alles Irrationale aus seinem Leben als Erwachsener auszuschließen. Es ist dies einer der Gründe, weshalb seine sogenannte Selbstanalyse ein Fehlschlag war. Im allgemeinen sah er einfach nicht, was er nicht sehen wollte, nämlich das, was nicht in sein Bild vom vernünftigen, angesehenen Bürger hineinpasste.

Ein zentrales, wichtiges Element in Freuds Traumdeutung ist sein Begriff der *Traumzensur*. Freud hat entdeckt, dass viele Träume die

---

9 S. Freud, 1900a, S. 199. – In einem amüsanten Brief an Fließ vom 11. März 1902 (S. Freud, 1950a, S. 366 ff.) erzählt Freud, wie er tatsächlich dazu kam, zwei Jahre nach der Veröffentlichung dieses Buches zum Professor ernannt zu werden.

Tendenz aufweisen, ihre wahre Bedeutung zu verbergen und sie in einer Art auszudrücken, die der vergleichbar ist, wie ein politischer Schriftsteller in einer Diktatur arbeitet, der seinen Gedanken zwischen den Zeilen Ausdruck verleiht oder über ein Ereignis im klassischen Griechenland spricht, wenn er in Wirklichkeit zeitgenössische Begebenheiten meint. Für Freud ist der Traum daher niemals eine offene Mitteilung, sondern er ist mit einer verschlüsselten Nachricht zu vergleichen, die erst entschlüsselt werden muss, um verständlich zu sein. Die Verschlüsselung wird so vorgenommen, dass der Träumer sich selbst dann sicher fühlt, wenn er in seinem Traum Gedanken zum Ausdruck bringt, die nicht in die Denkmodelle der Gesellschaft hineinpassen, in der er lebt. Ich möchte damit betonen, dass die Traumzensur mehr gesellschaftliche Merkmale aufweist, als Freud vermutete, doch spielt das in unserem Zusammenhang keine Rolle. Worauf es hier ankommt, ist Freuds Erkenntnis, dass der Traum dechiffriert werden muss. In dieser einfachen, dogmatischen Formulierung hat diese Einsicht jedoch häufig zu Irrtümern geführt. Nicht jeder Traum muss dechiffriert werden, und das Ausmaß, in dem dies geschehen muss, variiert stark von Traum zu Traum.

Ob eine Dechiffrierung notwendig ist und bis zu welchem Grad sie zu erfolgen hat, hängt von den Sanktionen ab, welche die Gesellschaft über die verhängt, die undenkbare Gedanken denken, wenn sie schlafen. Außerdem hängt es von individuellen Faktoren ab: wie unterwürfig und ängstlich jemand ist und inwieweit er sich deshalb genötigt fühlt, Gedanken, die ihm gefährlich werden könnten, zu verschlüsseln. Wenn ich »gefährlich« sage, so meine ich damit nicht speziell die äußeren Sanktionen der Gesellschaft gegen die, die gefährliche Gedanken hegen. Das kommt zwar auch vor und wird nicht dadurch aufgehoben, dass es sich schließlich um unsere Schlafgedanken, das heißt um unsere Träume handelt, die geheim bleiben und von denen niemand etwas weiß. Wenn es wichtig ist, gefährliche Gedanken zu vermeiden, darf man sie nicht einmal im Traum denken, weil sie tief verdrängt bleiben müssen. Gefährliche Gedanken können Gedanken sein, die bestraft würden, wenn sie bekannt würden, oder deretwegen jemand in seinem täglichen Leben leiden müsste, falls sie ans Licht kämen.

Solche Gedanken gibt es, wie wir alle wissen, und die Menschen haben ein deutliches Gefühl dafür, was sie besser nicht sagen und daher besser auch nicht denken, wenn sie keine Nachteile dadurch haben wollen. Ich spreche hier jedoch nicht in erster Linie von Gedanken, die deshalb gefährlich sind, weil sie etwas Spezifisches aussagen, das mit Sanktionen belegt wäre, sondern weil sie sich außerhalb des Bezugsrahmens des gesunden Menschenverstandes bewegen. Es sind Gedanken, die allenfalls von einer ganz kleinen Gruppe geteilt werden und die deshalb dem Betreffenden ein Gefühl der Isolierung, des Alleinstehens und der Kontaktlosigkeit geben. Eben diese Erfahrung bildet den Kern des Wahnsinns, zu dem es dann kommt, wenn jemand jede Verbindung mit anderen Menschen abgeschnitten hat.

So bedeutend Freuds Entdeckung der Traumzensur war, so beeinträchtigt sie doch andererseits auch unser Verständnis der Träume, wenn man sie nämlich dogmatisch und ohne Unterschied auf jeden einzelnen Traum anwendet.

d) Die Symbolsprache des Traums

Bevor wir nun mit unserer Erörterung fortfahren, ob jeder Traum so entstellt ist, wie Freud annimmt, halte ich es für angebracht, zwischen zwei Arten von Symbolen zu unterscheiden, nämlich zwischen den *universalen* und den *zufälligen* Symbolen. Das zufällige Symbol besitzt keine innere Verwandtschaft mit dem, was es symbolisiert. Nehmen wir beispielsweise an, jemand habe in einer bestimmten Stadt ein betrübliches Erlebnis gehabt. Hört er dann den Namen dieser Stadt, so wird er ihn leicht mit einer niedergedrückten Stimmung in Verbindung bringen, genauso wie er ihn mit einer fröhlichen Stimmung in Zusammenhang brächte, falls er dort ein glückliches Erlebnis gehabt hätte. Natürlich hat die Stadt an sich nichts Trauriges oder Fröhliches an sich. Es ist das mit ihr verbundene persönliche Erlebnis, das sie zu einem Symbol dieser Stimmung macht. Zur gleichen Reaktion kann es in Verbindung mit einem bestimmten Haus, einer Straße, einem Kleid, einer gewissen Szenerie oder irgendetwas sonst kommen, was irgendwann einmal mit einer spezifischen Stimmung in Zusammenhang gestanden hat. Das Bild im Traum repräsentiert dann diese Stimmung, die wir einmal in ihr erlebt haben. Hier ist der Zusammenhang zwischen dem Symbol und dem symbolisierten Erlebnis rein zufällig.

Wir brauchen daher die Assoziationen des Träumers, um zu verstehen, was das zufällige Symbol für ihn bedeutet. Wir könnten seine Bedeutung vermutlich nicht verstehen, wenn der Betreffende uns nichts über sein Erlebnis in der Stadt oder über den Menschen, von dem er träumte, und von seinen Erlebnissen mit ihm erzählte.

Beim universalen Symbol dagegen besteht eine innere Beziehung zwischen dem Symbol und dem, was es repräsentiert. Nehmen wir zum Beispiel das Symbol des Feuers. Wir sind von bestimmten Eigenschaften des Feuers im Kamin fasziniert, vor allem von seiner Lebendigkeit. Es verändert und bewegt sich die ganze Zeit und besitzt doch eine gewisse Beständigkeit. Es bleibt das gleiche, ohne gleich zu bleiben. Es macht den Eindruck von Kraft, von Energie, von Anmut und Leichtigkeit. Es ist, als ob es tanzte und eine unerschöpfliche Energiequelle besäße. Wenn wir uns des Feuers als eines Symbols bedienen, dann beschreiben wir innere Erlebnisse, die durch die gleichen Elemente gekennzeichnet sind, die wir beim Anblick des Feuers sinnlich wahrnehmen: Wir haben ein Gefühl von Kraft, Leichtigkeit, Bewegung, Anmut und Fröhlichkeit – wobei in unserem Gefühl einmal das eine, einmal das andere dieser Elemente dominiert. Doch Feuer kann auch zerstörerisch und von verwüstender Kraft sein. Wenn wir von einem brennenden Haus träumen, dann symbolisiert das Feuer Destruktivität und nicht Schönheit.

In gewisser Hinsicht ähnlich und doch auch wieder anders ist das Symbol des Wassers – des Meeres oder eines Flusses. Auch hier finden wir die Mischung von ständiger Bewegung und gleichzeitiger

Beständigkeit. Auch hier empfinden wir das Lebendige, die Kontinuität, die Energie. Aber ein Unterschied ist vorhanden: Während das Feuer etwas Abenteuerliches, Behendes, Aufregendes an sich hat, ist das Wasser ruhig, langsam und stetig.

Das universale Symbol ist das einzige, bei dem die Beziehung zwischen dem Symbol und dem, was es symbolisiert, nicht zufällig, sondern ihm immanent ist. Es wurzelt in der Erfahrung von der inneren Beziehung zwischen Emotion oder Gedanke einerseits und der sinnlichen Erfahrung andererseits. Man kann es deshalb als universal bezeichnen, weil es allen Menschen gemeinsam ist, und dies nicht nur im Gegensatz zu dem rein zufälligen, sondern auch im Gegensatz zum *konventionellen* Symbol (wie zum Beispiel einem Verkehrssignal), das sich auf eine Gruppe von Menschen beschränkt, die eine gleiche Übereinkunft getroffen haben. Das universale Symbol ist in den Eigenschaften unseres Körpers, unserer Sinne und unseres Geistes verwurzelt, die allen Menschen gemeinsam und daher nicht auf einzelne Individuen oder spezifische Gruppen beschränkt sind. Tatsächlich ist das universale Symbol die einzige von der gesamten Menschheit entwickelte Sprache.

Für Freud sind fast alle Symbole zufälliger Art mit der einzigen Ausnahme der sexuellen Symbole; ein Turm oder ein Stock ist ein Symbol für die männliche Sexualität und ein Haus oder das Meer ein Symbol für die weibliche Sexualität. Im Gegensatz zu Jung, der der Meinung war, dass alle Träume in einem klaren unverschlüsselten Text geschrieben sind, dachte Freud das genaue Gegenteil: Kein Traum sei zu verstehen, wenn man ihn nicht entschlüsselt.

Aufgrund meiner Erfahrungen mit der Interpretation der Träume vieler Menschen – einschließlich der eigenen – glaube ich, dass Freud die Bedeutung seiner Entdeckung der in Träumen wirksamen Zensur durch ihre dogmatische Verallgemeinerung stark eingeschränkt hat. Es gibt viele Träume, in denen die Zensur in nichts anderem besteht, als in der poetischen und symbolischen Sprache, in der der Inhalt ausgedrückt ist, aber das bedeutet nur für Menschen mit einer geringen poetischen Vorstellungskraft eine Zensur.

Für Menschen, die ein natürliches Gefühl für Poesie haben, kann der symbolische Charakter der Traumsprache mit Zensur kaum in Zusammenhang gebracht werden.

Ich möchte im Folgenden einen Traum zitieren, den man ohne jede Assoziation verstehen kann und in dem keinerlei Zensurelemente vorhanden sind. Andererseits können wir erkennen, dass die vom Träumer beigesteuerten Assoziationen unser Verständnis des Traumes bereichern.

Ein achtundzwanzigjähriger Rechtsanwalt erinnert sich beim Aufwachen an folgenden Traum, den er später dem Analytiker erzählt:

> Ich sah mich auf einem weißen Schlachtross reiten und eine Truppenschau mit vielen Soldaten abhalten, die mir alle stürmisch zujubelten.

Die erste Frage, die der Analytiker dem Patienten stellt, ist ziemlich allgemeiner Art. »Was fällt Ihnen dabei ein?« – »Nichts«, antwortet der Mann, »der Traum ist dumm. Sie wissen doch, dass mir Krieg und Militär verhasst sind und dass ich ganz gewiss nicht den Wunsch habe, ein General zu sein.« Er fügt hinzu: »Ich möchte auch nicht im Mittelpunkt der Aufmerksamkeit stehen und mich von Tausenden von Soldaten anstarren lassen, ob sie mir zujubeln oder nicht. Aus dem, was ich Ihnen gesagt habe, wissen Sie ja über meine Berufsprobleme Bescheid – wie schwer es mir fällt, bei Gericht einen Fall zu vertreten, wenn mich alle anschauen.«

»Dennoch stimmt es, dass es sich um *Ihren* Traum handelt, dass Sie die Handlung entworfen und sich ihre Rolle zugeteilt haben. Trotz aller augenscheinlichen Ungereimtheiten muss er irgendeine Bedeutung haben und irgendwie sinnvoll sein. Beginnen wir also mit Ihren Assoziationen zu den Trauminhalten. Konzentrieren Sie sich auf das Traumbild, wie Sie auf dem weißen Pferd sitzen und die Truppen ihnen zujubeln – und sagen Sie mir, was Ihnen bei diesem Bild einfällt.«

»Merkwürdig, jetzt sehe ich ein Bild, das ich mir, als ich vierzehn oder fünfzehn Jahre alt war, sehr oft betrachtet habe. Es war ein Bild von Napoleon – ja, tatsächlich, er saß auf einem weißen Pferd und ritt an der Spitze seiner Truppen – nur: ihm zugejubelt haben die Soldaten auf dem Bild nicht.«

»Diese Erinnerung ist gewiss interessant. Erzählen Sie mir noch mehr über Ihre Vorliebe für dieses Bild und über Ihr Interesse an Napoleon.«

»Darüber könnte ich Ihnen eine ganze Menge erzählen, aber es ist mir etwas peinlich. Ja, im Alter von vierzehn oder fünfzehn Jahren war ich ziemlich schüchtern. Ich war nicht sehr gut im Sport und hatte irgendwie Angst vor großen Jungen. Ach ja, jetzt fällt mir ein Vorfall aus dieser Zeit ein, den ich völlig vergessen hatte. Ich mochte einen von diesen starken Jungen gern und hätte ihn gern zum Freund gehabt. Wir hatten bis dahin kaum miteinander geredet, aber ich hoffte, dass er mich auch gut leiden könnte, wenn wir nur erst besser miteinander bekannt wären. Eines Tages nahm ich allen Mut zusammen und ging zu ihm hin und fragte ihn, ob er nicht mit mir heimgehen wolle; ich hätte ein Mikroskop und könnte ihm eine Menge interessanter Dinge zeigen. Er sah mich einen Augenblick lang an, dann fing er an zu lachen und er lachte und lachte. ›Du Waschlappen, geh doch heim und lade dir ein paar von den kleinen Freundinnen deiner Schwestern ein!‹ Ich wandte mich ab, um mein Schluchzen zu verbergen. Damals fing ich an, Bücher über Napoleon zu verschlingen; ich sammelte Abbildungen von ihm und schwelgte in Tagträumen, so zu werden wie er, ein berühmter General, der von der ganzen Welt bewundert würde. War er nicht auch klein gewesen? War er nicht auch als Junge schüchtern gewesen, genau wie ich? Warum sollte ich nicht auch so etwas wie er werden können? Viele Stunden am Tag träumte ich vor mich hin, wobei ich mich fast nie konkret mit den Mitteln und Wegen dazu befasste, sondern immer nur mit der vollendeten Tatsache. Ich war Napoleon, bewundert und beneidet und trotzdem großmütig und bereit, meinen Verleumdern zu vergeben. Als ich ins College ging, hatte ich meine Heldenverehrung und meine Tagträume über Napoleon überwunden. Tatsächlich habe ich seit Jahren nicht mehr an diese Zeit gedacht, und ganz gewiss habe ich noch nie mit jemand darüber gesprochen. Es ist mir selbst jetzt noch peinlich, mit Ihnen darüber zu reden.«

»Sie haben es vergessen, aber Ihr anderes Ich, das viele Ihrer Handlungen und Gefühle bestimmt, das sich vor dem, was Sie tagsüber wahrnehmen, gut versteckt, sehnt sich immer noch danach, berühmt und bewundert zu werden und Macht zu besitzen. Dieses andere Ich hat letzte Nacht zu Ihnen gesprochen. Aber sehen wir einmal nach, weshalb das gerade letzte Nacht der Fall war. Erzählen Sie mir, was gestern geschehen ist und Ihnen wichtig war.«

»Überhaupt nichts, es war ein Tag wie jeder andere. Ich bin ins Büro gegangen und habe das Gesetzesmaterial für einen Schriftsatz zusammengesucht. Dann bin ich nach Hause gegangen, habe gegessen, bin im Kino gewesen und dann schlafen gegangen. Das ist alles.«

»Das scheint mir aber noch keine Erklärung dafür, weshalb Sie auf einem weißen Streitross in die Nacht hinaus geritten sind. Erzählen Sie mir etwas mehr darüber, was sich in Ihrem Büro abgespielt hat.«

»Ach ja, jetzt fällt mir etwas ein (...) aber das kann doch nichts mit dem Traum zu tun haben (...) nun, ich werde es Ihnen trotzdem erzählen. Als ich zu meinem Chef hineinging – dem Seniorchef der Firma –, für den ich das Gesetzesmaterial zusammengesucht hatte, entdeckte er einen Fehler, den ich gemacht hatte. Er sah mich kritisch an und bemerkte: ›Ich muss mich wirklich wundern – ich hatte gedacht, Sie würden Ihre Sache besser machen.‹ Im ersten Augenblick war ich darüber recht erschrocken, und es schoss mir der Gedanke durch den Kopf, er würde mich am Ende später nicht als seinen Partner in die Firma hereinnehmen, wie ich gehofft hatte. Aber ich sagte mir, dass das Unsinn war, dass jeder einmal einen Fehler machen kann, dass er nur schlechter Laune war und dass der Zwischenfall auf meine Zukunft keinerlei Einfluss haben werde. Im Laufe des Nachmittags habe ich den Vorfall vergessen.«

»In welcher Stimmung waren Sie dann? Waren Sie nervös oder irgendwie deprimiert?« »Überhaupt nicht. Ganz im Gegenteil, ich war nur etwas müde und schläfrig. Es fiel mir schwer weiterzuarbeiten, und ich war sehr froh, als es soweit war, dass ich das Büro verlassen konnte.«

»Das letzte, was Ihnen an diesem Tag wichtig war, war dann wohl Ihr Kinobesuch. Wollen Sie mir erzählen, was gespielt wurde?«

»Ja, es war der Film *Juarez*, der mir sehr gut gefallen hat. Ich habe sogar ein bisschen dabei geweint.«

»An welcher Stelle denn?«

»Zuerst bei der Beschreibung von Juarez' Armut und seinen Leiden, und dann als er gesiegt hat; ich kann mich kaum an einen anderen Film erinnern, der mich so bewegt hätte.«

»Dann sind Sie zu Bett gegangen, sind eingeschlafen und haben sich selbst auf dem weißen Pferd gesehen, während die Truppen Sie umjubelten. Jetzt verstehen wir etwas besser, weshalb Sie das geträumt haben, nicht wahr? Als Junge fühlten Sie sich schüchtern, linkisch und zurückgesetzt. Aus unserer bisherigen Arbeit wissen wir, dass das sehr viel mit Ihrem Vater zu tun hat, der so stolz auf seine Erfolge war und der so ganz und gar unfähig war, Ihnen nahe zu kommen und eine Zuneigung zu Ihnen zu empfinden – geschweige denn, sie zu zeigen – und der es nicht verstanden hat, Ihnen Mut zu machen. Der Vorfall, den Sie heute erwähnten, die Zurückweisung durch den groben Jungen, war sozusagen nur das letzte Glied einer langen Kette. Ihr Selbstgefühl hatte bereits schweren Schaden gelitten, und diese Episode bestätigte Sie nur noch darin, dass es Ihnen niemals gelingen würde, es Ihrem Vater gleichzutun, dass Sie es nie zu etwas bringen würden und dass die Menschen, die Sie bewunderten, Sie stets ablehnen würden. Was konnten Sie tun? Sie flüchteten sich in Ihre Phantasien, in denen Sie genau das erreichten, wovon Sie glaubten, Sie könnten es im wirklichen Leben nie fertigbringen. In der Welt Ihrer Phantasie, in die niemand eindringen und wo niemand Sie ablehnen konnte, da waren Sie Napoleon, der große Held, der von Millionen – und was vielleicht noch wichtiger ist – von Ihnen selbst bewundert wurde. Solange Sie diese Phantasien aufrechterhalten konnten, schützten diese Sie vor dem akuten Schmerz, den Ihnen Ihre Minderwertigkeitsgefühle im Kontakt mit der äußeren Wirklichkeit verursachten. Dann kamen Sie ins College. Sie waren jetzt von Ihrem Vater nicht mehr so abhängig, Sie fanden eine gewisse Befriedigung in Ihren Studien, Sie hatten das Gefühl, einen neuen und besseren Anfang machen zu können. Außerdem schämten Sie sich über Ihre ›kindischen‹ Tagträume, deshalb schoben Sie sie zur Seite. Sie hatten das Gefühl, auf dem Weg zu sein, ein richtiger Mann zu werden. (…) Doch war diese Zuversicht, wie wir gesehen haben, etwas trügerisch. Sie hatten vor jedem Examen schreckliche Angst; sie hatten das Gefühl, dass sich kein junges Mädchen wirklich für Sie interessieren könnte, sobald ein anderer junger Mann auf der Bildfläche erschien; sie fürchteten stets die Kritik Ihres Chefs. Das führt uns hin zu den Ereignissen am Tage des Traumes. Genau das, was Sie so unbedingt hatten vermeiden wollen, war eingetreten – Ihr Chef hatte etwas an Ihnen auszusetzen; das alte Gefühl der Unzulänglichkeit kam schon wieder in Ihnen hoch, aber sie taten es zur Seite; Sie fühlten sich müde, anstatt sich ängstlich und traurig zu fühlen. Dann sahen Sie sich den Film an, der an Ihre alten Tagträume rührte, an den Helden, der zum bewunderten Erretter seines Volkes wurde, nachdem er als Junge verachtet und machtlos gewesen war. Wie in Ihrer Jugend, stellten Sie sich sich auch jetzt als den bewunderten Helden vor, dem alle zujubelten. Merken Sie denn nicht, dass Sie es immer noch nicht ganz aufgegeben haben, Ihre Zuflucht zu Phantasien von Ruhm und Ehre zu nehmen, dass Sie die Brücken noch nicht abgebrochen haben, die Sie zurück ins Land der Phantasie führen, sondern dass Sie im Begriff sind, immer wieder dorthin zurückzukehren, sobald die Wirklichkeit Sie enttäuscht oder Ihnen bedrohlich vorkommt? Sehen Sie denn nicht, dass aber gerade das immer wieder dazu beiträgt, die Gefahr heraufzubeschwören, vor der Sie solche Angst haben, nämlich noch ein Kind und noch immer kein Erwachsener zu sein und deshalb von Erwachsenen – und von Ihnen selbst – nicht ernstgenommen zu werden?«

e) Die Funktion des Schlafens und des Träumens

Freud nahm an, dass alle unsere Träume im wesentlichen Wunscherfüllungen sind und die Funktion haben, uns unseren Schlaf gleichsam durch eine halluzinatorische Erfüllung zu erhalten. Nach 50 Jahren Traumdeutung muss ich gestehen, dass dieses Prinzip Freuds in meinen Augen nur eine beschränkte Gültigkeit besitzt. Zweifellos machte er eine große Entdeckung, als er erkannte, dass Träume sehr oft die symbolische Befriedigung von Wünschen sind. Aber er hat die Bedeutung dieser Entdeckung durch die dogmatische Annahme beeinträchtigt, dass dies unbedingt für alle Träume gelte. Träume können Wunscherfüllungen sein, Träume können lediglich Angst ausdrücken, aber – und das ist ein wesentlicher Punkt – Träume können auch tiefe Einsichten in uns selbst und in andere ausdrücken. Um diese Funktion der Träume richtig einschätzen zu können, scheinen mir einige Erwägungen über die unterschiedlichen biologischen und psychologischen Funktionen des wachen Zustandes und des Schlafes angebracht. [Vgl. auch *Märchen, Mythen, Träume*, 1951a, GA IX, S. 187 f.]

Im wachen Zustand reagieren unsere Gedanken und Gefühle in erster Linie auf die an sie gestellten Anforderungen – auf die Aufgabe, mit unserer Umwelt fertig zu werden, sie zu verändern oder uns gegen sie zur Wehr zu setzen. Zu überleben ist die Aufgabe des wachen Menschen; er ist den Gesetzen unterworfen, welche die Realität beherrschen. Das bedeutet, dass er in den Begriffen von Zeit und Raum denken muss.

Während wir schlafen, geben wir uns nicht damit ab, die Außenwelt unseren Zwecken zu unterwerfen. Wir sind hilflos, und man hat den Schlaf daher mit Recht den »Bruder des Todes« genannt. Aber wir sind auch frei, freier als im Wachen. Wir sind befreit von der Last der Arbeit, von der Aufgabe anzugreifen oder uns zu verteidigen, wir brauchen die Wirklichkeit nicht zu beobachten und zu meistern. Wir brauchen nicht auf die Außenwelt zu achten. Wir richten unseren Blick nach innen und beschäftigen uns ausschließlich mit uns selbst. Im Schlaf könnte man uns mit einem Embryo oder sogar mit einem Toten vergleichen; oder man kann uns auch mit Engeln vergleichen, die den Gesetzen der »Realität« nicht unterworfen sind. Im Schlaf hat das Reich der Notwendigkeit dem Reich der Freiheit Platz gemacht, in dem das »Ich bin« das einzige ist, auf das sich unsere Gedanken und Gefühle beziehen.

Während des Schlafes weist die seelische Tätigkeit eine andere Logik auf als im wachen Dasein. Im Schlaf brauche ich mich nicht um Dinge zu kümmern, die nur im Umgang mit der Wirklichkeit von Bedeutung sind. Wenn ich zum Beispiel von einem Menschen das Gefühl habe, dass er ein Feigling ist, dann kann ich von ihm träumen, er habe sich aus einem Menschen in ein Huhn verwandelt. Diese Verwandlung ist in Bezug auf mein Gefühl gegenüber dieser Person sinnvoll, unsinnig ist sie nur in Bezug auf meine Orientierung zur Außenwelt.

Schlafen und Wachen sind die beiden Pole des menschlichen Daseins. Unser waches Leben ist mit der Aufgabe ausgefüllt zu handeln, im Schlaf sind wir von dieser Aufgabe befreit. Der Schlaf hat lediglich die Funktion der Selbsterfahrung. Wachen wir aus dem Schlaf auf, so begeben wir uns wieder in den Bereich des tätigen Lebens. Wir sind dann völlig auf diesen Bereich eingestellt, in welchem sich auch unser Gedächtnis bewegt. Wir erinnern uns an das, was wir zurückrufen können, in raumzeitlichen Begriffen. Die Schlafwelt ist verschwunden, und wir können uns an das, was wir darin erlebten – an unsere Träume –, nur noch unter größten Schwierigkeiten erinnern. (Zum Problem der Gedächtnisfunktion in Beziehung zur Traumtätigkeit vgl. den höchst anregenden Aufsatz von E. G. Schachtel, *On Memory and Childhood Amnesia.*) Diese Situation ist in vielen Märchen symbolisch dargestellt: In der Nacht bevölkern Gespenster und gute und böse Geister die Szene, aber wenn der Morgen dämmert, verschwinden sie, und von dem ganzen eindrucksvollen Geschehen ist nichts mehr übrig.

Das Bewusstsein ist die seelische Tätigkeit in dem Zustand unseres Daseins, in welchem wir uns handelnd mit der Außenwelt beschäftigen. Die Eigenschaften des Bewusstseins sind bestimmt durch das Wesen des tätigen Handelns und die Überlebensfunktion des wachen Zustandes. Das Unbewusste ist das seelische Erleben im Zustand unseres Daseins, in welchem wir alle Verbindungen mit der Außenwelt abgebrochen haben, in dem wir nicht mehr bestrebt sind zu handeln und tätig zu sein, sondern in dem wir uns nur noch mit uns selbst beschäftigen. Das Unbewusste ist ein mit einer speziellen Form unseres Daseins – der Inaktivität – verbundenes Erleben, und seine charakteristischen Merkmale ergeben sich aus dem Wesen dieser Daseinsform.

Das »Unbewusste« ist nur in Bezug auf unseren »normalen« Zustand des Tätigseins das Unbewusste. Wenn wir vom »Unbewussten« reden, wollen wir in Wirklichkeit nur damit sagen, dass eine Erfahrung nicht in den geistig-seelischen Rahmen hineinpasst, der existiert, während wir tätig sind. Wir empfinden es dann als ein geisterhaftes, störendes Element, das nur schwer zu fassen ist und an das man sich nur schwer erinnern kann. Aber wenn wir schlafen, ist uns die Welt des Tages ebenso unbewusst, wie es die Welt der Nacht in unserem wachen Erleben ist. Gewöhnlich gebrauchen wir den Begriff des »Unbewussten« nur vom Standpunkt unseres Tageserlebens aus; daher kommt darin nicht zum Ausdruck, dass sowohl das Bewusste als auch das Unbewusste nur verschiedene Seelenzustände sind, die sich auf unterschiedliche Zustände unseres Erlebens beziehen.

Man wird vermutlich dagegen einwenden, dass auch im wachen Zustand unser Denken und Fühlen nicht ganz den Einschränkungen von Zeit und Raum unterworfen ist und dass unser schöpferisches Vorstellungsvermögen es uns ermöglicht, über vergangene und zukünftige Dinge so nachzudenken, als ob sie gegenwärtig wären, und über weit entfernte Gegenstände so zu urteilen, als ob wir sie vor Augen hätten. Man wird auch einwenden, dass unser waches Fühlen nicht von der physischen Gegenwart des Objekts und auch nicht von seiner zeitlichen Koexistenz abhängt und dass aus diesem Grund das Fehlen des raum-zeitlichen Systems keine Besonderheit unseres Daseins im Schlaf im Gegensatz zum wachen Zustand ist, sondern dass es unser Denken und Fühlen im Gegensatz zu unserm tätigen Handeln kennzeichnet. Das ist mir ein willkommener Einwand, gibt er mir doch die Möglichkeit, einen wesentlichen Punkt meines Arguments klarzustellen.

Wir müssen nämlich zwischen den *Inhalten* unserer Denkprozesse und den beim Denken verwendeten *Kategorien* unterscheiden. So kann ich beispielsweise an meinen Vater denken und feststellen, dass seine Einstellung in einer bestimmten Situation mit der meinen identisch ist. Diese Feststellung ist logisch. Wenn ich andererseits behaupte: »Ich bin mein Vater«, dann ist diese Behauptung unlogisch, weil sie den Begriffen der physikalischen Welt nicht entspricht. Rein erlebnismäßig gesehen ist der Satz jedoch logisch, denn ich bringe darin mein Gefühl von Identität mit meinem Vater zum Ausdruck. Logische Denkprozesse im wachen Zustand sind Kategorien unterworfen, die in einer speziellen Daseinsform wurzeln – nämlich in der, in welcher wir zur Realität handelnd in Beziehung treten. In meinem schlafenden Dasein, das durch das Fehlen einer jeden auch nur potentiellen Handlung gekennzeichnet ist, kommen Kategorien zur Anwendung, die sich nur auf das Erlebnis meines Selbst beziehen. Das gleiche gilt für das Fühlen. Wenn mein Gefühl im wachen Zustand einem Menschen gilt, den ich seit 20 Jahren nicht gesehen habe, so bleibe ich mir immer der Tatsache bewusst, dass der Betreffende nicht anwesend ist. Wenn ich dagegen von ihm träume, dann empfinde ich ihn so, als ob er gegenwärtig wäre. Wenn ich jedoch sage »so, als ob er gegenwärtig wäre«, drücke ich mein Gefühl in Begriffen aus, die dem »wachen Leben« entsprechen. Im schlafenden Dasein gibt es kein »Als ob«; da ist der Betreffende gegenwärtig.

Ich habe auf den vorangegangenen Seiten den Versuch gemacht, die im Schlaf herrschenden Bedingungen zu beschreiben und aus dieser Beschreibung gewisse Schlüsse auf die Traumtätigkeit zu ziehen. Träume können Wunscherfüllungen sein oder sie drücken Gefühle aus, die so stark sind, dass sie sich sogar im Schlaf artikulieren. Sind damit aber die möglichen Erklärungen des Träumens ausgeschöpft? Ich glaube, es gibt noch eine andere Erklärung, die gewöhnlich übersehen wird. Sie hat mit der Tatsache zu tun, dass dem Menschen ein tiefes Bedürfnis zu eigen ist, sich selbst eine Erklärung dafür zu geben, warum er etwas tut oder etwas fühlt. Diese allgemein beobachtete und anerkannte Tatsache wird gewöhnlich »Rationalisierung« genannt. Wenn wir jemanden z.B. nicht leiden mögen, können wir uns nicht damit begnügen, dass wir dies so fühlen. Wir sind vielmehr bemüht, unser Gefühl als eine vernünftige Folge von bestimmten Umständen erscheinen zu lassen. Wir statten den missliebigen Menschen mit wirklichen oder oft auch mit erdichteten Qualitäten aus, die unsere Abneigung gegen ihn als vernünftig erscheinen lassen. Das gleiche gilt natürlich auch für einen geliebten oder bewunderten Menschen. Es findet sich am auffälligsten im Massenenthusiasmus für bestimmte Führer oder in der Abneigung der Masse gegen Mitglieder bestimmter Gesellschaftsschichten oder Rassen.

Am deutlichsten wird dieses Bedürfnis nach »Rationalisierung« an einem Beispiel des posthypnotischen Geschehens. Nehmen wir an, jemand erhalte während der Hypnose den Auftrag, seinen Mantel fünf Stunden später, sagen wir nachmittags um 16 Uhr, auszuziehen. Nach der Hypnose weiß er nichts von diesem Befehl. Was passiert um 16 Uhr? Obwohl es kalt sein mag, wird er dennoch seinen Mantel ausziehen. Aber bevor oder während er dies tut, wird er etwas Ähnliches sagen wie: »Es ist heute wirklich ein ungewöhnlich warmer Tag«. Er hat das Gefühl, sich unbedingt eine Erklärung dafür geben zu müssen, warum er dies tut, und er empfände es sicher als beängstigend, wenn er etwas tun würde, ohne dafür eine Erklärung geben zu können.

Wenden wir dieses Prinzip auf das Traumgeschehen an, dann könnte man zu folgender Hypothese kommen: Wir fühlen im Schlaf genauso wie in unserem wachen Leben, und genauso wenig, wie wir es im wachen Zustand ertragen können, Gefühle zu haben, die wir nicht erklären können, ist es im Schlaf. Wir erfinden deshalb eine Geschichte, die den Zweck hat, uns zu erklären, warum wir Angst, Freude, Hass usw. fühlen. Der Traum hat also die Aufgabe, für die Gefühle, die wir während des Schlafs empfinden, eine Erklärung zu finden. Nach dieser Hypothese hätten wir sogar beim Schlafen die Tendenz, wie sie im wachen Zustand ganz offensichtlich ist: Wir möchten unsere Gefühle als vernünftig erscheinen lassen. Die Träume könnten deshalb als die Folge der uns innewohnenden Neigung aufgefasst werden, die Gefühle an den Erfordernissen der Vernünftigkeit auszurichten.

Wir müssen jetzt noch einen Schritt weitergehen und ein spezifisches Element der dem Schlaf eigentümlichen Bedingungen untersuchen, das sich für das Verständnis der Traumprozesse als höchst bedeutsam herausstellen wird. Wir sagten, dass wir im Schlaf uns nicht damit beschäftigen, auf die äußere Realität Einfluss zu nehmen. Wir bemerken sie gar nicht und beeinflussen sie nicht, auch sind wir selbst den Einflüssen der Außenwelt nicht unterworfen. Hieraus folgt, dass es von der Beschaffenheit dieser äußeren Realität abhängt, welche Wirkung unsere Absonderung von ihr auf uns hat. Übt die Außenwelt einen im wesentlichen günstigen Einfluss auf uns aus, so dürfte das Fehlen dieses Einflusses während des Schlafes den Wert unserer Traumtätigkeit soweit herabsetzen, dass dieser Wert geringer ist als der unserer Seelentätigkeit während des Tages, wo diese günstigen Einflüsse der Außenwelt auf uns einwirken.

Aber stimmt es denn, dass der Einfluss der Realität auf uns vor allem günstig ist? Kann er nicht auch schädlich für uns sein, und können daher – wenn dieser Einfluss fehlt – nicht auch Eigenschaften in uns zum Vorschein kommen, die besser sind als die, die wir im wachen Zustand haben?

Wenn wir von der Realität außerhalb unserer selbst sprechen, so meinen wir damit nicht in erster Linie die Welt der Natur. An sich ist die Natur weder gut noch böse. Sie kann hilfreich oder gefährlich für uns sein, und wenn wir von ihr nichts wahrnehmen, so befreit uns das tatsächlich von der Aufgabe, sie zu meistern oder uns gegen sie zur Wehr zu setzen. Allerdings macht uns das weder dümmer noch gescheiter, weder besser noch schlechter. Ganz anders steht es mit der vom Menschen geschaffenen Welt um uns, mit der Kultur, in der wir leben. Ihre Wirkung auf uns ist recht zwiespältig, wenn wir auch zu der Annahme neigen, dass sie sich nur zu unserem Vorteil auswirkt.

Tatsächlich spricht ja geradezu überwältigend viel dafür, dass die Kultur einen segensreichen Einfluss auf uns ausübt. Es ist unsere Fähigkeit, Kultur zu schaffen, die uns von der Tierwelt unterscheidet.

Ist demnach die vom Menschen geschaffene Realität außerhalb unserer selbst nicht der wichtigste Faktor für die Entwicklung des Besten in uns, und ist daher nicht zu erwarten, dass wir – wenn wir mit der Außenwelt nicht in Kontakt stehen – zeitweise in einen primitiven, tierähnlichen, unvernünftigen Geisteszustand zurückfallen? Es spricht viel für eine solche Annahme, und viele – von Platon bis Freud –, die sich mit dem Traum beschäftigt haben, vertreten die Ansicht, dass eine derartige Regression das wesentliche Kennzeichen des Schlafzustandes und damit auch der Traumtätigkeit sei. Von diesem Standpunkt aus erwartet man von den Träumen, dass in ihnen die irrationalen, primitiven Strebungen in uns zum Ausdruck kommen, und die Tatsache, dass wir unsere Träume so leicht vergessen, wird weitgehend damit erklärt, dass wir uns jener irrationalen und verbrecherischen Impulse schämen, die wir zum Ausdruck bringen, wenn wir nicht unter der Kontrolle der Gesellschaft stehen. Diese Trauminterpretation ist bis zu einem gewissen Grad sicher richtig. Die Frage ist jedoch, ob es die ganze Wahrheit ist und ob nicht die negativen Elemente im Einfluss der Gesellschaft an dem Paradoxon schuld sind, dass wir in unseren Träumen nicht nur weniger vernünftig und anständig, sondern auch intelligenter, klüger und urteilsfähiger sind als im wachen Zustand.

Unsere Träume bringen nicht nur irrationale Wünsche, sondern auch tiefe Einsichten zum Ausdruck, und die wichtigste Aufgabe der *Traumdeutung besteht darin, zu entscheiden, wann das eine und wann das andere der Fall ist.*

4. Die Freudsche Triebtheorie und ihre Kritik

a) Die Entwicklung der Triebtheorie

Die letzte der großen Entdeckungen Freuds ist die Theorie eines Lebens- und Todestriebs. 1920 beginnt Freud mit *Jenseits des Lustprinzips* eine fundamentale Revision seiner gesamten Triebtheorie. In diesem Werk schreibt Freud dem »Wiederholungszwang« die Merkmale eines Triebes zu; hier postuliert er auch zum ersten Mal die neue Dichotomie von Eros und Todestrieb, die er dann 1923 in *Das Ich und das Es* (S. Freud, 1923b) sowie in seinen späteren Schriften ausführlicher diskutiert. Diese neue Dichotomie von Lebenstrieb (Eros) und Todestrieb bzw. Lebenstrieben und Todestrieben tritt an die Stelle der ursprünglichen Dichotomie zwischen dem Ich und den Sexualtrieben. Obwohl Freud versucht, den Eros mit der Libido zu identifizieren, stellt die neue Polarität doch ein völlig anderes Triebkonzept im Vergleich zum älteren dar.

Als Freud *Jenseits des Lustprinzips* schrieb, war er keineswegs von der Gültigkeit seiner neuen Hypothese überzeugt. »Man könnte mich fragen«, so schrieb er,

> ob und inwieweit ich selbst von den hier entwickelten Annahmen überzeugt bin. Meine Antwort würde lauten, dass ich weder selbst überzeugt bin noch bei anderen um Glauben für sie werbe. Richtiger: Ich weiß nicht, wie weit ich an sie glaube. (S. Freud, 1920g, S. 63 f.)

Nachdem er versucht hatte, ein neues theoretisches Gebäude zu errichten, das die Gültigkeit vieler früherer Konzepte bedrohte, und nachdem er eine ungeheure intellektuelle Anstrengung darauf verwandt hatte, ist diese Aufrichtigkeit Freuds, die so leuchtend sein ganzes Werk durchdringt, ganz besonders eindrucksvoll. Die nächsten 18 Jahre verbrachte er mit der Arbeit an seiner neuen

Theorie, von der er immer mehr überzeugt war. Nicht dass er seiner Hypothese neue Aspekte hinzugefügt hätte; er beschäftigte sich vielmehr damit, sie intellektuell »durchzuarbeiten«, was ihn von ihrer Richtigkeit überzeugte. Umso enttäuschender muss es für ihn gewesen sein, dass nur wenige seiner Anhänger seine Ansichten wirklich verstanden und teilten.

Er hat die neue Theorie zuerst in *Das Ich und das Es* (1923b) voll ausgearbeitet. Hierbei scheint mir folgende Annahme besonders wichtig:

> Jeder dieser beiden Triebarten wäre ein besonderer physiologischer Prozess (Aufbau und Zerfall) zugeordnet, in jedem Stück lebender Substanz wären beiderlei Triebe tätig, aber doch in ungleicher Mischung, so dass eine Substanz die Hauptvertretung des Eros übernehmen könnte.
>
> In welcher Weise sich Triebe der beiden Arten miteinander verbinden, vermischen, legieren, wäre noch ganz unvorstellbar; dass dies aber regelmäßig und in großem Ausmaß geschieht, ist eine in unserem Zusammenhang unabweisbare Annahme. Infolge der Verbindung der einzelligen Elementarorganismen zu mehrzelligen Lebewesen wäre es gelungen, den *Todestrieb der Einzelzelle* zu neutralisieren und *die destruktiven Regungen* durch Vermittlung eines besonderen Organs auf die Außenwelt abzuleiten. Dies Organ wäre die Muskulatur, und der Todestrieb würde sich nun – wahrscheinlich doch nur teilweise – als Destruktionstrieb gegen die Außenwelt und andere Lebewesen äußern. (S. Freud, 1923b, S. 269; Hervorhebungen E. F.)

In diesen Formulierungen enthüllt Freud die neue Richtung seines Denkens deutlicher als in *Jenseits des Lustprinzips*. Im Gegensatz zur mechanistischen, physiologischen Auffassung der älteren Theorie, die sich auf das Modell von der chemisch hervorgerufenen Spannung und dem Bedürfnis nach einer Reduzierung dieser Spannung bis zu ihrem normalen Schwellenwert (Lustprinzip) stützte, ist die

Auffassung der neuen Theorie eine biologische, bei der von jeder lebenden Zelle angenommen wird, dass sie mit zwei grundlegenden Eigenschaften ausgestattet ist, dem Eros und dem Todestrieb. Das Prinzip der Spannungsreduktion wird jedoch in einer noch radikaleren Form beibehalten: in Form der Reduktion der Erregung auf Null (Nirwanaprinzip).

Ein Jahr später (1924) tut Freud in seiner Abhandlung *Das ökonomische Problem des Masochismus* einen weiteren Schritt zur Klarstellung der Beziehung zwischen beiden Trieben. Er schreibt:

> Sie [die Libido] hat die Aufgabe, diesen destruierenden Trieb unschädlich zu machen, und entledigt sich ihrer, indem sie ihn zum großen Teil und bald mit Hilfe eines besonderen Organsystems, der Muskulatur, nach außen ableitet, gegen die Objekte der Außenwelt richtet. Er heiße dann Destruktionstrieb, Bemächtigungstrieb, Wille zur Macht.[10] Ein Anteil dieses Triebes wird direkt in den Dienst der Sexualfunktion gestellt, wo er Wichtiges zu leisten hat. Dies ist der eigentliche Sadismus. Ein anderer Teil macht diese Verlegung nach außen nicht mit, er verbleibt im Organismus und wird dort mit Hilfe der erwähnten sexuellen Miterregung libidinös gebunden; in ihm haben wir den ursprünglichen, erogenen Masochismus zu erkennen. (S. Freud, 1924c, S. 376.)

In der *Neuen Folge der Vorlesungen zur Einführung in die Psychoanalyse* (1933a) behält Freud seine frühere Auffassung bei. Er spricht hier von den erotischen Trieben,

> die immer mehr lebende Substanz zu größeren Einheiten zusammenballen wollen, und (den) Todestrieben, die sich diesem Stre-

10 Freud kombiniert hier drei verschiedene Tendenzen miteinander. Der Destruktionstrieb unterscheidet sich seinem Wesen nach vom Willen zur Macht: Im ersten Fall will ich das Objekt zerstören; im zweiten Fall will ich es erhalten, um es zu kontrollieren; und beide Tendenzen unterscheiden sich grundsätzlich vom Bemächtigungstrieb, dessen Ziel es ist, etwas zu schaffen und hervorzubringen, was das genaue Gegenteil des Zerstörungswillens darstellt.

> ben widersetzen und das Lebende in den anorganischen Zustand zurückführen. (S. Freud, 1933a, S. 114.)

In denselben Vorlesungen schreibt Freud über den ursprünglichen Destruktionstrieb:

> (...) es scheint, dass unsere Wahrnehmung seiner nur unter diesen zwei Bedingungen habhaft wird, wenn er sich mit erotischen Trieben zum Masochismus verbindet, oder wenn er sich als Aggression – mit größerem oder geringerem erotischem Zusatz – gegen die Außenwelt wendet. Nun drängt sich uns die Bedeutung der Möglichkeit auf, dass die Aggression in der Außenwelt Befriedigung nicht finden kann, weil sie auf reale Hindernisse stößt. Sie wird dann vielleicht zurücktreten, das Ausmaß der im Inneren waltenden Selbstdestruktion vermehren. Wir werden hören, dass dies wirklich so geschieht und wie wichtig dieser Vorgang ist. Verhinderte Aggression scheint eine schwere Schädigung zu bedeuten; *es sieht wirklich so aus, als müssten wir anderes und andere zerstören, um uns nicht selbst zu zerstören, um uns vor der Tendenz zur Selbstdestruktion zu bewahren. Gewiss eine traurige Eröffnung für den Ethiker!* (S. Freud, 1933a, S. 112; Hervorhebung E. F.)

In den beiden letzten Abhandlungen, die Freud im letzten und vorletzten Jahr vor seinem Tod schrieb, hat er keine wichtigen Veränderungen in den Auffassungen vorgenommen, die er in den vorangegangenen Jahren entwickelt hatte. In *Die endliche und die unendliche Analyse* (1937c) betont er nur noch nachdrücklicher die Macht des Todestriebes. So schreibt Strachey in seiner editorischen Vorbemerkung zu dieser Schrift: »Als das mächtigste und überdies gänzlich unkontrollierbare Hindernis aber erscheint der Todestrieb« (S. Freud, Stud., Ergänzungsband, S. 353). Im *Abriss der Psychoanalyse* (geschrieben 1938, veröffentlicht 1940 – [S. Freud, 1940a]) gibt Freud eine systematische Bestätigung seiner früheren Ansichten, ohne relevante Veränderungen vorzunehmen.

b) Analyse der triebtheoretischen Annahmen

Unsere bisherige kurze Beschreibung von Freuds neuer Theorie über den Lebens- und den Todestrieb konnte weder deutlich genug zeigen, welch radikale Veränderung der Übergang von der alten zur neuen Theorie bedeutete, noch dass Freud selbst nicht gesehen hat, wie radikal diese Veränderung war, und dadurch in vielen theoretischen Unvereinbarkeiten und inneren Widersprüchen steckenblieb. Ich will auf den folgenden Seiten versuchen, die Bedeutung dieser Änderungen zu beschreiben und den Konflikt zwischen der alten und der neuen Theorie zu analysieren.

Nach dem Ersten Weltkrieg hatte Freud zwei neue Einsichten. Die erste bezog sich darauf, dass die Macht und Intensität der aggressiv-destruktiven Triebe im Menschen von der Sexualität unabhängig sind. Es ist nicht ganz korrekt, wenn man sagt, dies sei eine neue Einsicht. Ich habe bereits darauf hingewiesen, dass er die Existenz aggressiver, von der Sexualität unabhängiger Impulse nicht ganz außer Acht gelassen hatte. Aber er verlieh dieser Einsicht nur sporadisch Ausdruck, und sie hat seine Haupthypothese von der grundsätzlichen Polarität zwischen sexuellen Trieben und Ichtrieben nie geändert, wenn er auch diese Theorie später durch die Einführung des Begriffs des Narzissmus modifizierte. In seiner Theorie vom Todestrieb brach seine Erkenntnis von der menschlichen Destruktivität mit aller Macht hervor, und die Destruktivität wurde zum einen Pol der Existenz, der im Kampf gegen den anderen Pol, den Eros, das Wesen des Lebens selbst ausmacht. Die Destruktivität wurde zum *Urphänomen* des Lebens.

Die zweite Einsicht, die Freuds neue Theorie kennzeichnet, hat nicht nur keinerlei Vorläufer in seiner früheren Theorie, sie steht in vollem Widerspruch dazu. Es handelt sich um die Einsicht, dass der Eros, der in jeder Zelle der lebenden Substanz gegenwärtig ist, die Vereinigung und Integration aller Zellen zum Ziel hat und darüber hinaus im Dienste der Zivilisation die Integration kleinerer Einheiten in die Einheit der Menschheit (S. Freud, 1930a). Freud entdeckt die nichtsexuelle Liebe. Er nennt den Lebenstrieb auch »Liebestrieb«; die Liebe wird mit Leben und Wachstum identifiziert, und im Kampf gegen den Todestrieb bestimmt sie die menschliche Existenz. In seiner früheren Theorie sah Freud im Menschen ein isoliertes System, das von zwei Impulsen angetrieben wird: einerseits vom Impuls, zu überleben (Ichtrieb), und andererseits vom Impuls, Lust zu gewinnen durch die Überwindung von Spannungen, die ihrerseits auf chemischem Weg im Körper erzeugt werden und in den »erogenen Zonen«, von welchen die genitale Zone eine ist, lokalisiert sind. In diesem Bild ist der Mensch zunächst isoliert, tritt aber dann zu Angehörigen des anderen Geschlechts in Beziehung, um sein Streben nach Lust zu befriedigen. Die Beziehung zwischen beiden Geschlechtern fasste Freud ähnlich auf wie die menschlichen Beziehungen auf dem Markt. In beiden Fällen geht es dem Menschen nur um die Befriedigung seiner Bedürfnisse, aber eben um dieser Befriedigung willen muss er zu anderen in Beziehung treten, die ihm das anbieten, was er braucht, und die das brauchen, was er anzubieten hat.

In der Erostheorie hat sich dies völlig geändert. Der Mensch wird nicht mehr als primär isoliert und egoistisch, als *l'homme machine* angesehen, sondern als ein Wesen, das primär auf andere bezogen ist, wobei die Lebenstriebe ihn auf eine Vereinigung mit anderen hindrängen. Leben, Liebe und Wachstum sind ein und dasselbe und tiefer verwurzelt und von fundamentalerer Bedeutung als Sexualität und »Lust«.

Die Veränderung in Freuds Einstellung kommt in seiner neuen Bewertung des biblischen Gebotes »Du sollst Deinen Nächsten lieben wie Dich selbst« klar zum Ausdruck. In *Warum Krieg?* (1933b) schreibt er:

> Alles, was Gefühlsbindungen unter den Menschen herstellt, muss dem Krieg entgegenwirken. Diese Bindungen können von zweierlei Art sein. Erstens Beziehungen wie zu einem Liebesobjekt, wenn auch *ohne sexuelle Ziele*. Die Psychoanalyse braucht sich nicht zu

> schämen, wenn sie hier von Liebe spricht, denn die Religion sagt dasselbe: Liebe Deinen Nächsten wie Dich selbst. Das ist nun leicht gefordert, aber schwer zu erfüllen. Die andere Art von Gefühlsbindung ist die durch Identifizierung. Alles, was bedeutsame Gemeinsamkeiten unter den Menschen herstellt, ruft solche Gemeingefühle, Identifizierungen, hervor. Auf ihnen ruht zum guten Teil der Aufbau der menschlichen Gesellschaft. (S. Freud, 1933b, S. 23; Hervorhebung E. F.)

Das hat der gleiche Mann geschrieben, der nur drei Jahre zuvor seinen Kommentar zu dem gleichen biblischen Gebot mit den Worten beendet hatte: »Wozu eine so feierlich auftretende Vorschrift, wenn ihre Erfüllung *sich nicht als vernünftig empfehlen kann?*« (S. Freud, 1930a, S. 469; Hervorhebung E. F.)

Es hatte sich tatsächlich eine radikale Änderung des Standpunkts vollzogen. Freud, der Feind der Religion, die er als eine Illusion bezeichnet hatte, die den Menschen daran hindert, zur Reife und Unabhängigkeit zu gelangen, zitiert jetzt eines der fundamentalsten Gebote, die in allen großen humanistischen Religionen zu finden sind, um damit seine psychologische Behauptung zu stützen. Er betont: »Die Psychoanalyse braucht sich nicht zu schämen, wenn sie hier von Liebe spricht« (S. Freud, 1933b, S. 23; vgl. 1908d), aber er braucht diese Versicherung, um die Verlegenheit zu überwinden, die er empfunden haben muss, als er diesen drastischen Wechsel in seiner Auffassung der Nächstenliebe vornahm.

War sich Freud bewusst, wie drastisch diese Veränderung seiner Auffassung war? War er sich des tiefen und unversöhnlichen Widerspruchs zwischen der alten und der neuen Theorie bewusst? Ganz offensichtlich nicht. In *Das Ich und das Es* (1923b) identifiziert er den Eros (den Lebenstrieb oder Liebestrieb) mit den Sexualtrieben und dem Selbsterhaltungstrieb. Gemäß dieser Ansicht muss man

> zwei Triebarten (…) unterscheiden (…), von denen die eine, *Sexualtriebe oder Eros*, die bei weitem auffälligere und der Kenntnis

> zugänglichere ist. Sie umfasst nicht nur den eigentlichen ungehemmten Sexualtrieb und die von ihm abgeleiteten zielgehemmten und sublimierten Triebregungen, sondern auch den Selbsterhaltungstrieb, den wir dem Ich zuschreiben müssen und den wir zu Anfang der analytischen Arbeit mit guten Gründen den sexuellen Objekttrieben gegenübergestellt hatten. (S. Freud, 1923b, S. 268 f.; Hervorhebung E. F.)

Eben weil Freud sich des Widerspruches nicht bewusst war, machte er den Versuch, die alte und die neue Theorie miteinander zu versöhnen, so dass sich eine Art Kontinuität ohne einen scharfen Bruch zu ergeben schien. Dieser Versuch musste zu vielen immanenten Widersprüchen und Unvereinbarkeiten in der neuen Theorie führen, die Freud immer wieder zu überbrücken oder zu leugnen versuchte, ohne dass ihm dies jedoch je gelungen wäre. Ich möchte nun auf den folgenden Seiten versuchen, das Hin und Her der neuen Theorie zu beschreiben, das dadurch entstand, dass Freud nicht erkannte, dass man den neuen Wein – und ich glaube, dass es in diesem Fall der bessere Wein war – nicht in die alten Schläuche füllen konnte. Bevor wir an diese Analyse herangehen, ist noch auf eine andere Änderung hinzuweisen, die ebenfalls unvermerkt vor sich ging und die Sache noch zusätzlich komplizierte.

Freud hatte seine ältere Theorie auf ein wissenschaftliches Modell aufgebaut, das leicht zu verstehen ist: auf das mechanistisch-materialistische Modell, welches das wissenschaftliche Ideal seines Lehrers von Brücke und des ganzen Kreises mechanistischer Materialisten wie Helmholtz, Büchner und anderer gewesen war.[11]

---

11 Peter Ammacher (1962) hat die Abhängigkeit der Freudschen Theoriebildung von der Denkweise seiner Lehrer beschrieben. Robert R. Holt fasst die Hauptthese dieser Arbeit zustimmend folgendermaßen zusammen:
»Viele der verwirrendsten und scheinbar willkürlichen Aspekte der psychoanalytischen Theorie, die Behauptungen enthält, die so falsch sind, dass sie nicht mehr nachprüfbar sind, sind entweder versteckte biologische Annahmen, oder sie resultieren direkt aus solchen Annahmen, die Freud von seinen Lehrern während des Medizinstudiums gelernt hatte. Sie wurden zu einem grundlegenden

Sie sahen im Menschen eine Maschine, die durch chemische Vorgänge angetrieben wird; Gefühle, Affekte und Emotionen erklärten sie als durch spezifische und identifizierbare physiologische Prozesse bedingt. Die meisten hormonologischen und neurophysiologischen Entdeckungen der letzten Jahrzehnte waren diesen Männern noch unbekannt, trotzdem bestanden sie voll Mut und Geschicklichkeit auf der Richtigkeit ihrer Auffassung. Bedürfnisse und Interessen, für die sie keine somatische Quelle nachweisen konnten, ignorierten sie, und all jene Prozesse, die sie nicht beiseiteließen, erklärten sie nach den Grundsätzen des mechanistischen Denkens. Das Modell der Physiologie von Brückes und Freuds Modell vom Menschen könnte man heute in einem entsprechend programmierten Computer wiederholen. »Es« baut ein gewisses Maß an Spannung auf, die bei einem gewissen Schwellenwert entladen und reduziert werden muss, während ein anderer Teil, das Ich, die Realität beobachtet und die Spannung hemmt, wenn sie mit den Erfordernissen seines Fortbestandes in Konflikt gerät. Dieser Freudsche Roboter ist Isaac Asimovs Science-Fiction-Roboter ähnlich, nur wäre seine Programmierung anders. Sein oberstes Gesetz wäre nicht, menschlichen Wesen nicht zu schaden, sondern zu verhindern, dass sie sich selbst verletzen oder vernichten.

Die neue Theorie folgt nicht diesem mechanistischen »physiologisierenden« Modell. Sie kreist um eine biologische Orientierung, bei der die fundamentalen Kräfte des Lebens (und seines Gegenteils, des Todes) zu den Urkräften werden, die den Menschen motivieren. Das Wesen der Zelle, das heißt das Wesen aller lebenden Substanz, wird zur theoretischen Grundlage einer Motivationstheorie, und nicht ein physiologischer Prozess, der in einem bestimmten Körperorgan vor sich geht. Die neue Theorie stand vielleicht einer vitalis-

---

Teil seines intellektuellen Rüstzeugs, das er ebenso unbesehen hinnahm wie die Theorie des universalen Determinismus. Wahrscheinlich hat er sie nicht immer als biologisch erkannt und sie daher als notwendige Bestandteile beibehalten, als er den Versuch machte, sich von der Neurologisierung abzuwenden und ein abstraktes psychologisches Modell aufzubauen.« (R. R. Holt, 1965, S. 94.)

tischen Philosophie näher (vgl. J. Pratt, 1958) als der Auffassung der deutschen Materialisten. Aber, wie schon gesagt, Freud war sich dieser Wandlung nicht klar bewusst: Daher versuchte er immer wieder, seine physiologisierende Methode auf die neue Theorie anzuwenden, und er musste bei seinem Versuch, den Kreis zu quadrieren, scheitern. In einer Hinsicht jedoch haben beide Theorien eine gemeinsame Prämisse, die ein unverändertes Axiom des Freudschen Denkens blieb: die Auffassung, dass das beherrschende Gesetz des psychischen Apparates die Tendenz zur Reduktion der Spannung (oder Erregung) auf ein *konstantes* niedriges Niveau (das Konstanzprinzip – auf dem das Lustprinzip beruht) oder auf das *Nullniveau* (das Nirwanaprinzip, auf das sich der Todestrieb gründet) ist.

Wir müssen nun zu einer eingehenden Analyse von Freuds Todestrieb und Lebenstrieb zurückkehren.[12] Was hat Freud bewogen, den Todestrieb zu postulieren?

Der Einfluss des Ersten Weltkrieges dürfte, wie bereits erwähnt, einer der Gründe gewesen sein. Freud hatte mit vielen Menschen seiner Zeit und seiner Altersstufe die optimistische Weltanschauung geteilt, die für das europäische Bürgertum so charakteristisch war, und er sah sich nun plötzlich mit einer Raserei des Hasses und der Zerstörung konfrontiert, wie man sie vor dem 1. August 1914 kaum für möglich gehalten hätte.

Man darf vermuten, dass zu dieser historischen Tatsache noch ein persönlicher Faktor hinzukam. Wie wir aus Ernest Jones' Biographie wissen, litt Freud unter einer fast zwanghaften Beschäftigung mit dem Tod. Nachdem er 40 Jahre alt geworden war, dachte er jeden Tag ans Sterben: Er hatte Anfälle von Todesangst, und wenn er sich verabschiedete, fügte er manchmal hinzu: »Leben Sie wohl; vielleicht sehen Sie mich nie wieder.« (E. Jones, 1960–1962,

---

12 Freuds Terminologie ist nicht immer einheitlich. Er spricht manchmal von Lebens- und Todestrieben, manchmal aber auch vom Lebens- und Todestrieb (Singular). Den Todestrieb oder die Todestriebe bezeichnet er auch als Destruktionstrieb bzw. als Destruktionstriebe. Das Wort *Thanatos* (die Parallele zum Eros) als Äquivalent des Todestriebes hat Freud nicht benutzt, er wurde vielmehr erst von Paul Federn in die Diskussion eingeführt.

Band 3, S. 331.) Man könnte vermuten, dass seine schwere Krankheit ihn in seiner Todesfurcht noch bestärkt und so zur Formulierung des Todestriebs beigetragen hätte. Diese Spekulation ist jedoch in dieser vereinfachten Form unhaltbar, da die ersten Anzeichen seiner Krankheit sich erst im Februar 1923 zeigten, also erst mehrere Jahre nach der Konzeption des Todestriebs. Aber die Annahme dürfte nicht zu weit hergeholt sein, dass sein früheres Grübeln über den Tod durch seine Krankheit noch intensiviert wurde und dass dies zu einer Auffassung führte, in welcher der Konflikt zwischen Leben und Tod Zentrum der menschlichen Existenz war, und nicht der Konflikt zwischen den beiden lebensbejahenden Trieben, dem sexuellen Begehren und den Ichtrieben. Die Auffassung, dass der Mensch sterben muss, weil der Tod das verborgene Ziel seines Lebens ist, könnte man als eine Art Trost betrachten, der die Angst vor dem Tode mildern sollte.

Diese historischen und persönlichen Faktoren bilden die eine Reihe von Motivationen für die Konstruktion des Todestriebes, doch kommt noch eine weitere Reihe von Faktoren hinzu, die ihn zur Konzeption der Theorie vom Todestrieb veranlasst haben muss. Freud hat immer in dualistischen Begriffen gedacht. Er sah gegensätzliche Kräfte einander bekämpfen, und der Lebensprozess war für ihn das Ergebnis dieses Kampfes. Sexualität und Selbsterhaltungstrieb waren die ursprünglichen Pole seiner dualistischen Theorie. Aber als der Begriff des Narzissmus die Selbsterhaltungstriebe in den Bereich der Libido verlegte, schien der alte Dualismus bedroht. Zwang ihn die Theorie vom Narzissmus nicht zur monistischen Theorie, dass sämtliche Triebe libidinös waren? Und was noch schlimmer war, würde das nicht eine der Hauptketzereien Jungs bestätigen, nämlich die Auffassung, dass *die gesamte psychische Energie* als Libido zu kennzeichnen ist? Freud musste sich unbedingt aus diesem unerträglichen Dilemma befreien – unerträglich, weil es darauf hinausgelaufen wäre, dass er Jungs Libidoauffassung hätte zustimmen müssen. Er musste einen neuen Trieb, der im Gegensatz zur Libido stand, als Grundlage für eine neue dualistische Theorie finden. Der

Todestrieb erfüllte diese Forderung. Anstelle des alten Dualismus hatte er jetzt einen neuen gefunden, und er konnte die menschliche Existenz wieder dualistisch als Schlachtfeld zweier entgegengesetzter Triebe sehen, des Lebens- und des Todestriebs.

In seinem neuen Dualismus hielt sich Freud an ein Denkmodell, zu dem später noch mehr zu sagen ist, er konstruierte nämlich zwei umfassende Begriffe, in die jedes Phänomen hineinpassen musste. Er hatte das bereits mit seinem Sexualitätsbegriff gemacht, indem er ihn so erweiterte, dass alles, was nicht Ichtrieb war, zum Sexualtrieb gehörte. Die gleiche Methode verfolgte er nun auch mit dem Todestrieb. Er legte den Begriff so umfassend an, dass jeder Trieb, der nicht dem Eros zuzurechnen war, zum Todestrieb gehörte, und umgekehrt. Auf diese Weise wurden Aggressivität, Destruktivität, Sadismus, Beherrschung und sogar gewisse Arten der Produktion trotz ihrer qualitativen Unterschiede zu Manifestationen derselben Macht – des Todestriebs.

Und noch bezüglich eines anderen Aspekts folgte Freud dem gleichen Denkmodell, das ihn in der früheren Phase seines theoretischen Systems so stark in seinem Bann hatte. Er sagt vom Todestrieb, dass er ursprünglich völlig verinnerlicht sei; dann richtet sich ein Teil davon nach außen und wirkt sich als Aggressivität aus, während ein Teil als primärer Masochismus im Inneren verbleibt. Trifft aber der nach außen gerichtete Teil auf Hindernisse, die zu groß sind, als dass sie überwunden werden können, so richtet sich der Todestrieb wieder nach innen und manifestiert sich als sekundärer Masochismus. Es ist dies genau das gleiche Denkmodell, das Freud auch bei seiner Diskussion des Narzissmus anwandte. Zuerst ist die gesamte Libido im Ich (primärer Narzissmus), dann wird sie auf Objekte der Außenwelt ausgedehnt (Objektlibido), doch wendet sie sich auch oft wieder nach innen und bildet dann den sogenannten sekundären Narzissmus.

Oft benutzt Freud den Ausdruck »Todestrieb« synonym mit »Destruktionstrieb« und »Aggressionstrieb« (z.B. S. Freud, 1930a). Aber gleichzeitig macht er zwischen diesen verschiedenen Begriffen feine Unterschiede. Wie James Strachey (S. Freud, Stud., Band 9, S. 194 ff.) dargelegt hat, ist in Freuds späteren Schriften (zum Beispiel in *Das Unbehagen in der Kultur*, 1930a, in *Das Ich und das Es*, 1923b, in der *Neuen Folge der Vorlesungen zur Einführung in die Psychoanalyse*, 1933a, und im *Abriss der Psychoanalyse*, 1940a) der Aggressionstrieb etwas Sekundäres und vom Selbstzerstörungstrieb abgeleitet.

Im folgenden Abschnitt möchte ich einige Beispiele für diese Beziehung zwischen Todestrieb und Aggressivität zitieren. In *Das Unbehagen in der Kultur* sagt Freud vom Todestrieb, »dass sich ein Anteil des Triebes gegen die Außenwelt wende und dann als Trieb zur Aggression und Destruktion zum Vorschein komme.« (S. Freud, 1930a, S. 478.) In der Neuen Folge der Vorlesungen spricht er von der »Selbstdestruktion (…) als Ausdruck eines Todestriebes (…), der in keinem Lebensprozess vermisst werden kann.« (S. Freud, 1933a, S. 114.) Im gleichen Werk bringt er diesen Gedanken noch deutlicher zum Ausdruck, wenn er sagt: »So ergibt sich die Auffassung, dass der Masochismus älter ist als der Sadismus, der Sadismus aber ist nach außen gewendeter Destruktionstrieb, der damit den Charakter der Aggression erwirbt.« (S. Freud, 1933a, S. 112.) Der im Innern verbleibende Anteil des Destruktionstriebs verbindet sich »mit erotischen Trieben zum Masochismus«, oder er wendet sich »mit größerem oder geringerem erotischem Zusatz gegen die Außenwelt«. Wenn aber, so fährt Freud fort, die Aggression, die sich nach außen wendet, in der Außenwelt auf zu starke Hindernisse stößt, so kehrt sie wieder ins Innere zurück und vergrößert die dort herrschende Selbstdestruktion (vgl. S. Freud, 1933a, S. 112). Freud bringt diese theoretische, etwas widerspruchsvolle Entwicklung in seinen beiden letzten Arbeiten zum Abschluss. Im *Abriss* sagt er: »In diesem Es wirken die organischen *Triebe*, selbst aus Mischungen von *zwei Urkräften* (Eros und Destruktion) in wechselnden Ausmaßen zusammengesetzt.« (S. Freud, 1940a, S.128; Hervorhebung E. F.) In *Die endliche und die unendliche Analyse* spricht er vom Todestrieb und vom Eros als zwei »Urtrieben« (S. Freud, 1937c, S. 88 f.).

Es ist erstaunlich und eindrucksvoll, wie unerschütterlich Freud an seinem Konzept des Todestriebes trotz der ungeheuren theoretischen Schwierigkeiten festhielt, die er mit so viel Mühe – und meiner Meinung nach vergeblich – zu überwinden versuchte.

Die Hauptschwierigkeit liegt vielleicht darin, dass er die Identität zweier Tendenzen annahm, der Tendenz des Körpers, zu seinem ursprünglichen anorganischen Zustand zurückzukehren (als Folge des Prinzips des Wiederholungszwangs), und der des Destruktionstriebes, der sich gegen das eigene Selbst oder gegen andere richtet. Für erstere Tendenz wäre vielleicht die Bezeichnung *Thanatos* adäquat (die Paul Federn zuerst auf den Tod angewandt hat) oder auch »Nirwanaprinzip«, eine Bezeichnung, die sich auf die Tendenz zur Reduktion der Spannung, der Energie, bis zum Ende alles energetischen Strebens bezieht.[13] Aber ist dieses langsame Nachlassen der Lebenskraft wirklich dasselbe wie Destruktivität? Natürlich könnte man logischerweise argumentieren – und Freud tut das implizit auch: Wenn dem Organismus die Tendenz zu sterben innewohnt, dann muss auch eine aktive Kraft vorhanden sein, die die Tendenz hat zu zerstören. (Es ist dies in der Tat die gleiche Denkweise, wie wir sie bei den Instinktivisten finden, die einen speziellen Instinkt hinter jeder Art des Verhaltens postulieren.) Aber wenn wir diese kreisförmigen Überlegungen beiseitelassen, gibt es dann irgendeinen Beweis oder Grund, anzunehmen, dass die Tendenz zum Aufhören jeder Erregung und der Impuls zu zerstören, identisch sind? Dies ist kaum anzunehmen.

Wenn wir uns Freuds Überlegung über die Grundlage des Wiederholungszwanges anschließen, dass nämlich das Leben die inhä-

13 Der Ausdruck »Nirwanaprinzip« scheint mir nicht glücklich gewählt, weil er den buddhistischen Nirwanabegriff falsch interpretiert. Nirwana ist nicht der Zustand der Leblosigkeit, der durch die Natur herbeigeführt wird (welche nach dem Buddhismus die entgegengesetzte Tendenz hat), sondern es wird durch die geistige Anstrengung des Menschen erreicht, der dann sein Heil und die Vollendung seines Lebens findet, wenn es ihm gelingt, alle Gier und allen Egoismus zu überwinden, und wenn er von einem tiefen Mitleid mit aller lebenden Kreatur erfüllt ist. Im Zustand des Nirwana erlebte der Buddha die höchste Freude.

rente Tendenz hat, abzuklingen und schließlich zu sterben, so wäre eine solche ihm innewohnende Tendenz etwas völlig anderes als der aktive Impuls zu zerstören. Fügen wir noch hinzu, dass diese gleiche Tendenz zu sterben, angeblich auch die Quelle der Leidenschaft zur Macht und des Beherrschens (auch im Sinne von »Beherrschen einer Kunst«) und – falls mit Sexualität untermischt – auch die Quelle des Sadismus und des Masochismus ist, so muss diese theoretische *Tour de force* fehlschlagen. Das »Nirwanaprinzip« und die Leidenschaft zu zerstören, sind zwei grundverschiedene Größen, die man nicht in der einen Kategorie des Todestriebes unterbringen kann.

Eine weitere Schwierigkeit liegt darin, dass der Todestrieb in Freuds allgemeine Triebauffassung nicht hineinpasst. Vor allem nimmt er nicht wie die Triebe in seiner früheren Theorie von einer speziellen Körperzone seinen Ausgang, sondern er stellt eine biologische Kraft dar, die aller lebenden Substanz innewohnt. Otto Fenichel hat dies überzeugend dargelegt:

> Der Abbau in den Zellen, der ein objektiver Destruktionsprozess ist, kann nicht in gleicher Weise »Quelle« eines Destruktionstriebs sein, wie die chemische Sensibilisierung des Zentralnervensystems in Bezug auf die Reizung erogener Zonen die Quelle des Sexualtriebes ist. Definitionsgemäß versucht ein Trieb, die somatischen Veränderungen an der Triebquelle rückgängig zu machen.
>
> Der Todestrieb versucht dies aber nicht in Hinblick auf den Zellabbau. Es scheint so, als ob die Tatsachen, auf die Freud seinen Begriff eines Todestriebs gründete, in keiner Weise die Annahme zweier fundamental entgegengesetzter Arten von Trieben notwendig machen, von deren einer Entspannung und Tod zum Ziel hat, während der andere auf die Herstellung immer höherer Einheiten zielt. (O. Fenichel, 1974, S. 91 f.)

Fenichel weist hier auf eine der theoretischen Schwierigkeiten hin, die sich Freud selbst bereitet hat, wenn er sie auch sozusagen aus dem Bewusstsein verdrängt hat. Diese Schwierigkeit ist umso schwerwiegender, als Freud – wie wir noch sehen werden – zu dem Ergebnis kommen musste, dass auch der Eros die theoretischen Voraussetzungen eines Triebes nicht erfüllte. Wenn Freud keine starken persönlichen Gründe dafür gehabt hätte, so hätte er nicht den Begriff »Trieb« in einem völlig anderen Sinne verwendet, als er ihn ursprünglich verstanden hatte, ohne auf diesen Unterschied selbst hinzuweisen. (Diese Schwierigkeit wird sogar in der Terminologie fühlbar. Eros kann man mit »Trieb« nicht zu einem Ausdruck verbinden, und logischerweise hat Freud nie vom »Erostrieb« gesprochen. Er hat das Wort »Trieb« dadurch unterzubringen gewusst, dass er »Eros« mit »Lebenstrieb« alternativ benutzte.)

Tatsächlich besteht zwischen dem Todestrieb und Freuds früherer Theorie, abgesehen von dem allgemeinen Axiom der Triebreduktion, keinerlei Verbindung. Wie wir bereits sahen, war in der früheren Theorie die Aggression entweder ein Trieb, der eine Komponente der prägenitalen Sexualität darstellte, oder ein Ichtrieb, der sich gegen Reize der Außenwelt richtete. In der Theorie vom Todestrieb stellt Freud keinerlei Verbindung zu den früheren Quellen der Aggression her, außer dass er jetzt mit Hilfe des Todestriebs den Sadismus erklärt (als Mischung mit der Sexualität). (S. Freud, 1933a, S. 111 f.)

Zusammenfassend ist zu sagen, dass zwei Haupterfordernisse die Auffassung vom Todestrieb bestimmt haben: erstens die Notwendigkeit, Freuds neue Überzeugung von der Macht der menschlichen Aggression unterzubringen, und zweitens die Notwendigkeit, an der dualistischen Triebkonzeption festzuhalten. Nachdem Freud auch die Ichtriebe als libidinös ansehen musste, musste er eine neue Dichotomie finden, wobei sich die zwischen dem Eros und dem Todestrieb als die passendste anbot. Aber während sie vom Standpunkt der unmittelbaren Lösung einer Schwierigkeit bequem war, war sie höchst unbequem, wenn man die Gesamtentwicklung der Freudschen Theorie von der triebmäßigen Motivation aus betrachtet. Der Todestrieb wurde zu einem Begriff, in den alles hineinpassen musste und mit dessen Hilfe man erfolglos versuchte, unvereinbare Widersprüche aufzulösen. Vielleicht ist Freud auf Grund seines Alters und seiner Krankheit das Problem nicht frontal angegangen und hat die Widersprüche nur stellenweise behoben. Die meisten anderen Psychoanalytiker, die die Auffassung vom Eros und vom Todestrieb nicht übernahmen, haben eine einfache Lösung gefunden: Sie verwandelten den Todestrieb in einen »destruktiven Trieb« und haben ihn dem alten Sexualtrieb gegenübergestellt. Auf diese Weise konnten sie Freud gegenüber loyal bleiben, obwohl sie sich nicht in der Lage sahen, über die altmodische Triebtheorie hinauszugehen. Aber trotz der Schwierigkeiten, die der neuen Theorie innewohnten, stellte sie doch eine beachtliche Leistung dar: Sie erkannte in der Wahl des Menschen zwischen Leben und Tod den Grundkonflikt seiner Existenz und gab die alte physiologische Triebauffassung zugunsten einer vertieften biologischen Spekulation auf. Freud erlebte nicht die Befriedigung, eine Lösung zu finden, und musste seine Triebtheorie als Torso hinterlassen. Es blieb denen, die seine Theorie weiterentwickelten, überlassen, sich mit den ungelösten Problemen zu befassen und sich mit den Schwierigkeiten unvoreingenommen zu konfrontieren in der Hoffnung, neue Lösungen zu finden.

Bei einer Diskussion der Theorie von *Lebenstrieb* und Eros sehen wir uns womöglich vor noch größere Schwierigkeiten gestellt als beim Begriff des Todestriebes. Der Grund für diese Schwierigkeiten liegt auf der Hand. Bei der Libidotheorie wurde die Erregung auf die chemisch determinierte Sensibilisierung durch die Stimulierung der verschiedenen erogenen Zonen zurückgeführt. Im Falle des Lebenstriebs haben wir es mit einer Tendenz zu tun, die für alle lebende Substanz charakteristisch ist und für die es keine spezifische physiologische Quelle und kein spezifisches Organ gibt. Wie konnten dann der alte Sexualtrieb und der neue Lebenstrieb – wie konnten die Sexualität und der Eros – dasselbe sein? Trotzdem schrieb Freud in der *Neuen Folge der Vorlesungen*, die neue Theorie *sei an die Stelle* der Libidotheorie *getreten*, und er hat in den gleichen Vorlesungen und auch an anderer Stelle behauptet, Sexualtriebe und Eros seien identisch. Er schrieb: »Wir nehmen an, dass es zwei wesensverschiedene Arten von Trieben gibt: die Sexualtriebe, im weitesten Sinne verstanden den Eros, wenn Sie diese Benennung vorziehen, und die Aggressionstriebe, deren Ziel die Destruktion ist.« (S. Freud, 1933a, S. 110.) Oder im *Abriss der Psychoanalyse* heißt es: »... die gesamte verfügbare Energie des Eros, die wir von nun an ›Libido‹ heißen werden ...« (S. Freud, 1940a, S. 72). Manchmal identifiziert er den Eros mit dem Sexualtrieb *und dem Selbsterhaltungstrieb* (S. Freud, 1923b), was nur logisch war, nachdem er die ursprüngliche Theorie revidiert und die beiden ursprünglichen Feinde, Selbsterhaltungstrieb und Sexualtrieb, beide als libidinös klassifiziert hatte. Aber während Freud manchmal Eros und Libido gleichsetzt, weist er in seinem letzten Werk auf einen leichten Unterschied hin. Im *Abriss der Psychoanalyse* heißt es:

> Das beste, was wir vom Eros, also von seinem Exponenten, der Libido, wissen, ist durch das Studium der Sexualfunktion gewonnen worden, die sich ja in der landläufigen Auffassung, *wenn auch nicht in unserer Theorie*, mit dem Eros deckt. (S. Freud, 1940a, S. 73; Hervorhebung E. F.)

Entsprechend dieser Feststellung und im Widerspruch zu dem zuvor Zitierten sind Eros und Sexualität *nicht* identisch. Offenbar hat Freud hier im Sinn, dass der Eros ein »Urtrieb« (neben dem Todestrieb) ist und dass der Sexualtrieb nur einer seiner Exponenten ist. Tatsächlich kehrt er hier zu einer Anschauung zurück, die er bereits in *Jenseits des Lustprinzips* zum Ausdruck gebracht hatte, wo er in einer Fußnote bemerkt, der Sexualtrieb habe sich uns zum Eros gewandelt, »der die Teile der lebenden Substanz zueinander zu drängen und zusammenzuhalten sucht, und die gemeinhin sogenannten Sexualtriebe erschienen als der dem Objekt zugewandte Anteil dieses Eros.« (S. Freud, 1920g, S. 66.)

Einmal versucht Freud sogar anzudeuten, dass sich seine ursprüngliche Auffassung von Sexualität keineswegs deckte »mit dem Drang nach Vereinigung der geschiedenen Geschlechter oder nach Erzeugung von Lustempfindung an den Genitalien, sondern weit eher mit dem allumfassenden und alles erhaltenden Eros des Symposions Platos« (S. Freud, 1925e, S. 105). Der erste Teil dieser Feststellung ist zweifellos richtig. Freud hatte die Sexualität immer weiter gefasst als die nur genitale Sexualität. Aber es fällt schwer einzusehen, worauf er seine Meinung gründet, dass seine ältere Auffassung von der Sexualität der Vorstellung des platonischen Eros ähnlich sei. Seine ältere Sexualtheorie war genau das Gegenteil der platonischen Theorie. Nach Freud war die Libido männlich, und seiner Ansicht nach gab es keine entsprechende weibliche Libido. Die Frau war nach der extrem patriarchalischen Ansicht von Freud dem Manne nicht ebenbürtig, sondern ein verkrüppelter, kastrierter Mann. Das Wesen des platonischen Mythos ist dagegen, dass Mann und Frau einst eins waren und in zwei Hälften geteilt wurden, was natürlich impliziert, dass die beiden Hälften gleichwertig sind, dass sie eine Polarität bilden, der die Tendenz innewohnt, sich wieder zu vereinigen.

Der einzige Grund, weshalb Freud versuchte, seine alte Libidotheorie entsprechend Platos Eros zu interpretieren, muss der Wunsch gewesen sein, die Diskontinuität beider Phasen zu leugnen, und dies selbst auf Kosten einer offensichtlichen Verzerrung seiner älteren Theorie.

Wie beim Todestrieb geriet Freud auch bezüglich der Triebnatur des Lebenstriebes in Schwierigkeiten. Wie Fenichel nachgewiesen hat, kann man den Todestrieb nicht als Trieb im Sinn von Freuds neuer Triebkonzeption bezeichnen, die er in *Jenseits des Lustprinzips* zuerst entwickelt und in seinen späteren Arbeiten einschließlich des *Abriss der Psychoanalyse* weitergeführt hat (O. Fenichel, 1974). Freud schrieb: »Obwohl letzte Ursache jeder Aktivität, sind sie [die Triebe] konservativer Natur; aus jedem Zustand, den ein Wesen erreicht hat, geht ein Bestreben hervor, diesen Zustand wieder herzustellen, sobald er verlassen worden ist.« (S. Freud, 1940a, S. 70.)

Besitzen Eros und Lebenstrieb diese konservative Eigenschaft aller Triebe, und kann man sie deshalb mit Recht als Triebe bezeichnen? Freud bemühte sich sehr um eine Lösung, die den konservativen Charakter der Lebenstriebe retten sollte.

Von den Keimzellen sagt er: »So arbeiten diese Keimzellen dem Sterben der lebenden Substanz entgegen und wissen für sie zu erringen, was uns als potentielle Unsterblichkeit erscheinen muss.« (S. Freud, 1920g, S. 42.) Und weiter heißt es:

> Die Triebe, welche die Schicksale dieser das Einzelwesen überlebenden Elementarorganismen in acht nehmen, für ihre sichere Unterbringung sorgen, solange sie wehrlos gegen die Reize der Außenwelt sind, ihr Zusammentreffen mit den anderen Keimzellen herbeiführen usw., bilden die Gruppe der Sexualtriebe. Sie sind in demselben Sinne konservativ wie die anderen, indem sie frühere Zustände der lebenden Substanz wiederbringen, aber sie sind es in stärkerem Maße, indem sie sich als besonders resistent gegen äußere Einwirkungen erweisen, und dann noch in einem weiteren Sinne, da sie das Leben selbst für längere Zeiten erhalten. Sie sind die eigentlichen Lebenstriebe; dadurch, dass sie der Absicht der anderen Triebe, welche durch die Funktion zum Tode führt, entgegenwirken, deutet sich ein Gegensatz zwischen ihnen und den übrigen an, den die Neurosenlehre frühzeitig als bedeutungsvoll erkannt hat. Es ist wie ein Zauderrhythmus im Leben der Organismen; die eine Triebgruppe stürmt nach vorwärts, um das Endziel des Lebens möglichst bald zu erreichen, die andere schnellt an einer gewissen Stelle dieses Weges zurück, um ihn von einem bestimmten Punkt an nochmals zu machen und so die Dauer des Weges zu verlängern. Aber wenn auch Sexualität *und Unterschied der Geschlechter zu Beginn des Lebens gewiss nicht vorhanden waren*, so bleibt es doch möglich, dass die später als sexuell zu bezeichnenden Triebe von allem Anfang an in Tätigkeit getreten sind und ihre Gegenarbeit gegen das Spiel der »Ichtriebe« nicht erst zu einem späten Zeitpunkte aufgenommen haben. (S. Freud, 1920g, S. 42 f.; Hervorhebung E. F.)

Das Interessanteste an diesem Abschnitt und auch der Grund, weshalb ich ihn in dieser Länge zitiert habe, ist, zu sehen, wie Freud fast verzweifelt versucht, die konservative Vorstellung von allen Trieben und also auch vom Lebenstrieb zu retten. Er musste seine Zuflucht zu einer neuen Formulierung des Sexualtriebes nehmen als eines Triebes, der über das Schicksal der Keimzelle wacht, eine Definition, die sich von seiner Gesamtauffassung der Triebe in seinem früheren Werk unterscheidet.

Einige Jahre später macht Freud in *Das Ich und das Es* wiederum den Versuch, dem Eros den Status eines echten Triebes zu geben, indem er ihm einen konservativen Charakter zuschreibt. Er schreibt:

> Auf Grund theoretischer, durch die Biologie gestützter Überlegungen supponierten wir einen Todestrieb, dem die Aufgabe gestellt ist, das organische Lebende in den leblosen Zustand zurückzuführen, während der Eros das Ziel verfolgt, das Leben durch immer weitergreifende Zusammenfassung der in Partikel zersprengten lebenden Substanz zu komplizieren, natürlich es dabei zu erhalten. Beide Triebe benehmen sich dabei im strengsten Sinne konservativ, in dem sie die Wiederherstellung eines durch die Entstehung des Lebens gestörten Zustandes anstreben. Die Entstehung des Lebens wäre also die Ursache des Weiterlebens und gleichzeitig auch des Strebens nach dem Tode, das Leben selbst ein Kampf und Kompromiss zwischen diesen beiden Strebungen. Die Frage nach der Herkunft des Lebens bliebe eine kosmologische, die nach Zweck und Absicht des Lebens wäre dualistisch beantwortet. (S. Freud, 1923b, S. 268 f.)

Eros zielt darauf ab, das Leben zu komplizieren und es zu erhalten, und daher ist er auch konservativ, denn mit dem Auftauchen des Lebens wird ein Trieb geboren, der darauf abzielt, es zu erhalten. Wenn es aber im Wesen des Triebes liegt, den frühesten Zustand der Existenz, die anorganische Materie, wieder herzustellen, so müssen wir uns fragen, wie er dann gleichzeitig darauf ausgerichtet sein kann, eine spätere Form der Existenz, nämlich das Leben, wieder herzustellen.

Nach diesen vergeblichen Versuchen, den konservativen Charakter des Lebenstriebes zu retten, gelangt Freud schließlich im *Abriss der Psychoanalyse* zu einer negativen Lösung: »Für den Eros (oder Liebestrieb) können wir eine solche Anwendung *nicht* durchführen. Es würde voraussetzen, dass die lebende Substanz einmal eine Einheit war, die dann zerrissen wurde und die nun die Wiedervereinigung anstrebt.« (S. Freud, 1940a, S. 71; Hervorhebung E. F.) In einer signifikanten Fußnote fügt Freud hinzu: »Dichter haben Ähnliches phantasiert, aus der Geschichte der lebenden Substanz ist uns nichts Entsprechendes bekannt.« (S. Freud, 1940a, S. 71.) Ganz offensichtlich bezieht sich Freud hier auf Platos Erosmythos, aber er wendet dagegen ein, dass er ein Erzeugnis der dichterischen Phantasie sei. Dieser Einwand ist wirklich merkwürdig. Die platonische Antwort würde nämlich tatsächlich Freuds theoretischer Forderung von der konservativen Natur des Eros genügen. Wenn Mann und Weib am Anfang eins waren, dann voneinander getrennt wurden und nun vom Wunsch nach Wiedervereinigung getrieben sind, was könnte dann der Formel besser entsprechen, dass die Triebe die Tendenz haben, den früheren Zustand wieder herzustellen? Weshalb hat Freud diesen Ausweg nicht akzeptiert und sich damit aus der theoretischen Verlegenheit befreit, dass der Eros kein echter Trieb war?

Vielleicht fällt etwas mehr Licht auf dieses Problem, wenn wir diese Fußnote im *Abriss* mit einer weit ausführlicheren und früheren Feststellung in *Jenseits des Lustprinzips* vergleichen. Hier zitiert er Platos Mythos im *Symposion* von der ursprünglichen Einheit des Menschen, der von Zeus in zwei Hälften geteilt wurde, worauf nach dieser Teilung jede Hälfte sich nach der anderen sehnte, bis sie zusammenkamen und sich in die Arme fielen voller Sehnsucht, wieder zu einem einzigen Wesen zu werden. Freud schrieb:

> Sollen wir, dem Wink des Dichterphilosophen folgend, die Annahme wagen, dass die lebende Substanz bei ihrer Belebung in kleine Partikel zerrissen wurde, die seither durch die Sexualtriebe ihre

> Wiedervereinigung anstreben? Dass diese Triebe, in denen sich die chemische Affinität der unbelebten Materie fortsetzt, durch das Reich der Protisten hindurch allmählich die Schwierigkeiten überwinden, welche eine mit lebensgefährlichen Reizen geladene Umgebung diesem Streben entgegensetzt, die sie zur Bildung einer schützenden Rindenschicht nötigt? Dass diese zersprengten Teilchen lebender Substanz so die Vielzelligkeit erreichen und endlich den Keimzellen den Trieb zur Wiedervereinigung in höchster Konzentration übertragen? Ich glaube, es ist hier die Stelle, abzubrechen. (S. Freud, 1920g, S. 63.)

Der Unterschied zwischen beiden Behauptungen ist leicht einzusehen. In der früheren Formulierung *(Jenseits des Lustprinzips)* lässt Freud die Antwort offen, während er in seiner späteren Behauptung *(Abriss der Psychoanalyse)* eine definitiv negative Antwort gibt.

Aber noch viel wichtiger ist die spezielle Formulierung, die beiden Behauptungen gemeinsam ist. In beiden Fällen spricht Freud von der »lebenden Substanz«, die in Teile auseinandergerissen wird. Im platonischen Mythos ist dagegen nicht von einer »lebenden Substanz« die Rede, die in Partikel zerrissen wurde, sondern von *Mann und Frau,* die voneinander getrennt wurden und nach ihrer Wiedervereinigung streben. Warum bestand Freud auf der »lebenden Substanz« als dem springenden Punkt?

Mir scheint, die Antwort dürfte in einem subjektiven Faktor zu suchen sein. Freud war tief von dem patriarchalischen Gefühl durchdrungen, dass der Mann der Frau überlegen und ihr nicht gleich ist. Daher war die Theorie von der männlich-weiblichen Polarität – die wie jede Polarität sowohl Verschiedenheit als auch Gleichheit impliziert – für ihn unannehmbar. Dieses emotionale männliche Vorurteil hatte ihn schon zu einem viel früheren Zeitpunkt zu der Theorie geführt, dass die Frau ein verkrüppelter Mann und vom Kastrationskomplex und Penisneid beherrscht sei und fernerhin dem Mann unterlegen, weil ihr Über-Ich schwächer und dagegen ihr Narzissmus stärker sei als der des Mannes. Man kann zwar die Brillanz dieser Konstruktion bewundern, doch ist kaum zu leugnen, dass die Behauptung, die eine Hälfte der menschlichen Rasse sei eine verkrüppelte Version der anderen, ans Absurde grenzt und dass sie nur mit seinem tief verwurzelten Vorurteil in Bezug auf die Geschlechter zu erklären ist (das sich von einem rassischen oder religiösen Vorurteil nicht allzu sehr unterscheidet). Ist es dann verwunderlich, dass Freud auch blockiert war, wenn eine Übernahme von Platos Mythos ihn gezwungen hätte, seine Annahme von der Ungleichheit der Geschlechter aufzugeben? Tatsächlich sah sich Freud nicht in der Lage, diesen Schritt zu tun; so ersetzte er die Vereinigung von Mann und Frau durch die Vereinigung der »lebenden Substanz« und wies den logischen Ausweg aus der Schwierigkeit, dass der Eros die konservative Natur der übrigen Triebe nicht besitzt, zurück.

c) Kritik der Freudschen Triebtheorie

Freud war der Gefangene der Gefühls- und Denkgewohnheiten seiner Gesellschaft, denen er nicht entrinnen konnte. Wenn Freud von einer neuen theoretischen Vision erfüllt wurde, so wurde sie – oder ihre Konsequenzen – ihm nur teilweise bewusst, während ein Teil im Unbewussten blieb, weil er mit seinem »Komplex« und seinem früheren bewussten Denken unvereinbar war. Sein bewusstes Denken musste versuchen, Widersprüche und Unvereinbarkeiten zu verleugnen, indem er Konstruktionen errichtete, die einleuchtend genug waren, die bewussten Denkprozesse zu befriedigen.

Wie ich zu zeigen versuchte, wollte und konnte Freud sich nicht dafür entscheiden, den Eros in seine eigene Triebdefinition mit ihrem konservativen Charakter der Triebe einzugliedern. Hätte ihm eine andere theoretische Möglichkeit offen gestanden? Ich glaube, ja. Er hätte eine neue Lösung finden können, seine neue Vision von der dominierenden Rolle von Liebe und Zerstörungstrieb in seine alte, traditionelle Libidotheorie einzubauen. Er hätte eine Polarität zwischen der prägenitalen Sexualität (dem oralen und analen Sadismus) als Quelle der Destruktivität und der genitalen Sexualität als Quelle der Liebe annehmen können. Aber natürlich fiel es Freud aus einem bereits in anderem Zusammenhang erwähnten Grunde schwer, sich für diese Lösung zu entscheiden. Es wäre einer monistischen Weltanschauung gefährlich nahe gekommen, da *sowohl* die Destruktivität *als auch* die Liebe libidinös gewesen wären. Trotzdem, Freud hatte bereits die Grundlage dafür geschaffen, die Destruktivität mit der prägenitalen Sexualität in Verbindung zu bringen, als er zu dem Schluss kam, dass der destruktive Teil der anal-sadistischen Libido der Todestrieb sei (S. Freud, 1923b; 1920g). Wenn dem so ist, so kann man wohl die Spekulation wagen, dass die anale Libido selbst eine tiefe Affinität zum Todestrieb besitzen muss; es dürfte sogar der weitere Schluss gerechtfertigt sein, dass die anale Libido ihrem Wesen nach auf Zerstörung ausgerichtet ist.

Aber Freud kommt nicht zu diesem Schluss, und es ist interessant, Spekulationen darüber anzustellen, warum er es nicht tut.

Der erste Grund ist in seiner zu engen Interpretation der analen Libido zu suchen. Für Freud und seine Schüler liegt der wesentliche Aspekt der Analität in der Tendenz zu kontrollieren und zu besitzen (von dem freundlichen Aspekt des Behaltenwollens abgesehen). Nun sind gewiss Kontrollieren und Besitzenwollen Tendenzen, die dem Lieben, Fördern, Befreien entgegengesetzt sind. Tendenzen, die unter sich ein Syndrom bilden. Aber »Besitz« und »Kontrolle« enthalten nicht, was für die Destruktivität wesentlich ist, nämlich den Wunsch zu zerstören, die Feindschaft gegen das Leben. Zweifellos hat der anale Charakter ein tiefes Interesse und eine starke Affinität für Exkremente als Teil seiner allgemeinen Affinität für alles Nichtlebendige. Kot ist das Produkt, das der Körper endgültig eliminiert, da es ihm nicht weiter von Nutzen sein kann. Der anale Charakter fühlt sich von Exkrementen wie von allem angezogen, was für das Leben nutzlos ist, wie Schmutz, Tod und Verfall. Wir können deshalb sagen, dass die Tendenz, zu kontrollieren und zu besitzen, nur ein Aspekt des analen Charakters ist, aber ein milderer und weniger bösartiger als der Hass gegen das Leben. Wenn Freud den direkten Zusammenhang erkannt hätte, der zwischen Kot und Tod besteht, so wäre er vielleicht zu dem Schluss gekommen, dass die Hauptpolarität die zwischen der genitalen und der analen Orientierung ist, also zwei klinisch gut untersuchten Größen, die Eros und Todestrieb äquivalent sind.

Wäre Freud zu diesem Schluss gelangt, so wären ihm Eros und Todestrieb nicht als zwei biologisch gegebene und gleich starke Tendenzen erschienen, sondern er hätte im Eros das biologisch normale Ziel der Entwicklung gesehen, während er vom Todestrieb angenommen hätte, dass er auf ein Fehlschlagen der normalen Entwicklung zurückzuführen und in diesem Sinne als ein pathologischer, wenn auch tief verwurzelter, Trieb anzusehen ist. Wenn man eine biologische Spekulation anstellen will, so könnte man die Analität zu der Tatsache in Beziehung setzen, dass die Orientierung am Geruch charakteristisch für alle vierbeinigen Säugetiere ist und dass der Übergang von der Orientierung am Geruch zur Orientierung durch das Sehen dem aufrechten Gang entspricht. Der Funktionsänderung des alten olfaktorischen Gehirns würde dann die gleiche Umwandlung der Orientierung entsprechen. Dementsprechend könnte man daran denken, dass der anale Charakter eine regressive Phase der biologischen Entwicklung darstellt, die sogar eine konstitutionell-genetische Basis haben könnte. Man könnte dann annehmen, dass die Analität des Kleinkindes eine evolutionäre Wiederholung einer biologisch früheren Phase im Prozess des Überganges zum vollentwickelten menschlichen Funktionieren wäre. (Mit Freudschen Begriffen ausgedrückt: Die Analität bzw. Destruktivität hätte dann den konservativen Charakter eines Triebes, das heißt, wir hätten es mit der Regression von der Orientierung nach Genitalität–Liebe–Sehen zur Orientierung nach Analität–Destruktion–Geruch zu tun.) Die Beziehung zwischen Todestrieb und Lebenstrieb wäre im wesentlichen die gleiche wie die zwischen prägenitaler und genitaler Libido in Freuds Entwicklungsschema. Die libidinöse Fixierung auf der analen Ebene wäre dann ein pathologisches Phänomen, jedoch eines, das tief in der psychosexuellen

Konstitution verwurzelt ist, während die genitale Ebene für das gesunde Individuum charakteristisch wäre. Nach dieser Spekulation hätte dann die anale Ebene zwei recht unterschiedliche Aspekte: einen, der auf Kontrolle, und einen, der auf Zerstörung abzielt. Wie ich zu zeigen versuchte, wäre darin der Unterschied zwischen Sadismus und Nekrophilie zu suchen (vgl. *Anatomie der menschlichen Destruktivität* (1973a), GA VII, S. 316).

Aber Freud hat diesen Zusammenhang nicht hergestellt, und vielleicht konnte er ihn auch nicht herstellen aus Gründen, die ich im Zusammenhang mit den Schwierigkeiten seiner Eros-Theorie erwähnt habe.

Auf den vorangegangenen Seiten habe ich auf die immanenten Widersprüche hingewiesen, denen Freud nicht zu entgehen vermochte, als er von der Libidotheorie zu seiner Eros-Todestrieb-Theorie überging. Es gibt aber noch einen weiteren, andersartigen Konflikt in letzterer Theorie, dem wir unsere Aufmerksamkeit zuwenden müssen: den Konflikt zwischen Freud dem Theoretiker und Freud dem Humanisten. Der Theoretiker kommt zu dem Schluss, dass der Mensch nur die Alternative hat, entweder sich selbst (langsam durch Krankheit) oder andere zu zerstören; oder – anders ausgedrückt – er hat nur die Wahl, entweder sich selbst oder andere leiden zu machen. Der Humanist empört sich gegen die Idee dieser tragischen Alternative, die den Krieg zu einer rationalen Lösung für diesen Aspekt der menschlichen Existenz machen würde.

Nicht als ob Freud tragischen Alternativen aus dem Wege gegangen wäre. Ganz im Gegenteil; er hatte ja in seiner früheren Theorie eine solche tragische Alternative konstruiert: Er sah in der Verdrängung der Triebbedürfnisse (besonders der prägenitalen) die Grundlage der Zivilisation; der verdrängte Trieb wurde »sublimiert« und in wertvolle kulturelle Kanäle geleitet; dies jedoch auf Kosten eines vollen menschlichen Glücks. Andererseits führte diese Verdrängung nicht nur zu Fortschritten in der Zivilisation, sondern auch zur Entwicklung von Neurosen bei all jenen, bei denen der Verdrängungsprozess nicht erfolgreich verlief. Die Alternative schien zu sein: Mangel an Zivilisation bei vollem Glück oder Zivilisation, verbunden mit Neurose und geringerem Glück.

Der Widerspruch zwischen Todestrieb und Eros stellt den Menschen vor eine echte und wahrhaft tragische Alternative. Vor eine echte Alternative deshalb, weil er sich dafür entscheiden kann, anzugreifen und Kriege zu führen, aggressiv zu sein und seine Feindseligkeit zum Ausdruck zu bringen, oder krank zu werden. Dass es sich dabei um eine tragische Alternative handelt, braucht nicht besonders betont zu werden, wenigstens nicht, soweit es Freud oder einen anderen Humanisten betrifft.

Freud macht keinen Versuch, das Problem zu vertuschen, indem er die Schärfe des Konflikts zu verwischen sucht. Wie bereits zitiert, schrieb er in der *Neuen Folge der Vorlesungen*:

> Nun drängt sich uns die Bedeutung der Möglichkeit auf, dass die Aggression in der Außenwelt Befriedigung nicht finden kann, weil sie auf reale Hindernisse stößt. Sie wird dann vielleicht zurücktreten, das Ausmaß der im Inneren waltenden Selbstdestruktion vermehren. Wir werden hören, dass dies wirklich so geschieht und wie wichtig dieser Vorgang ist. (S. Freud, 1933a, S. 112.)

In *Abriss der Psychoanalyse* heißt es: »Zurückhaltung von Aggression ist überhaupt ungesund, wirkt krankmachend (Kränkung)« (S. Freud, 1940a, S. 72). Wir fragen uns: Wie hat Freud seinem Impuls entsprochen, die menschlichen Angelegenheiten nicht bei einer so hoffnungslosen Beurteilung zu belassen, und wie hat er es vermieden, sich auf die Seite derer stellen zu müssen, die den Krieg als beste Medizin für die Menschheit empfehlen, nachdem er die Trennungslinien so scharf gezogen hatte?

Tatsächlich hat Freud mehrere theoretische Versuche unternommen, einen Ausweg aus dem Dilemma zwischen seinen theoretischen und seinen humanistischen Ansichten zu finden. Ein Versuch beruhte auf dem Gedanken, dass man den Zerstörungstrieb in das Gewissen umwandeln könne. In seiner Abhandlung *Das Unbehagen in der Kultur* stellt er die Frage: »Was geht mit ihm [dem Angreifer] vor, um seine Aggressionslust unschädlich zu machen?«, und seine Antwort lautet:

> Etwas sehr Merkwürdiges, das wir nicht erraten hätten und das doch so nahe liegt. Die Aggression wird introjiziert, verinnerlicht, eigentlich aber dorthin zurückgeschickt, woher sie gekommen ist, also gegen das eigene Ich gewendet. Dort wird sie von einem Anteil des Ichs übernommen, das sich als Über-Ich dem übrigen entgegenstellt und nun als »Gewissen« gegen das Ich dieselbe strenge Aggressionsbereitschaft ausübt, die das Ich gerne an anderen, fremden Individuen befriedigt hätte. Die Spannung zwischen dem gestrengen Über-Ich und dem ihm unterworfenen Ich heißen wir Schuldbewusstsein; sie äußert sich als Strafbedürfnis. Die Kultur bewältigt also die gefährliche Aggressionslust des Individuums, indem sie es schwächt, entwaffnet und durch eine Instanz in seinem Inneren, wie durch eine Besatzung in der eroberten Stadt, überwachen lässt. (S. Freud, 1930a, S. 482 f.)

Die Verwandlung der Destruktivität in ein sich selbst bestrafendes Gewissen scheint doch keinen so großen Vorteil zu bringen, wie Freud meint. Nach seiner Theorie müsste das Gewissen ebenso grausam sein wie der Todestrieb, da es mit dessen Energien geladen ist und kein Grund besteht, weshalb der Todestrieb »geschwächt« und »entwaffnet« sein sollte. Es hat eher den Anschein, dass eine andere Analogie die tatsächlichen Konsequenzen von Freuds Idee logischer zum Ausdruck brächte: Eine Stadt, die von einem grausamen Feind beherrscht wurde, besiegt diesen mit Hilfe eines Diktators, der dann ein System errichtet, das genauso grausam ist wie das des besiegten Feindes; und was ist damit gewonnen?

Aber diese Theorie des strengen Gewissens als einer Manifestation des Todestriebes ist nicht der einzige Versuch, den Freud unternimmt, um seine Vorstellung von der tragischen Alternative etwas zu mildern. Eine andere, weniger tragische Erklärung ist folgende:

> Gemäßigt und gebändigt, gleichsam zielgehemmt, muss der Destruktionstrieb, auf die Objekte gerichtet, dem Ich die Befriedigung seiner Lebensbedürfnisse und die Herrschaft über die Natur verschaffen. (S. Freud, 1930a, S. 480.)

Mir scheint dies ein gutes Beispiel für die »Sublimierung« zu sein.[14] Der Trieb ist dann nicht geschwächt, sondern er richtet sich auf andere, sozial wertvolle Ziele, in diesem Fall auf die »Herrschaft über die Natur«. Das klingt tatsächlich nach einer perfekten Lösung. Dem Menschen bleibt die tragische Entscheidung erspart, entweder die anderen oder sich selbst zu zerstören, da die Energie des Destruktionstriebes zur Herrschaft über die Natur benutzt wird. Aber, so müssen wir uns fragen, ist das wirklich möglich? Kann sich die Destruktivität wirklich in Konstruktivität verwandeln? Was kann »Herrschaft über die Natur« bedeuten? Tiere zähmen und aufziehen, Pflanzen sammeln und kultivieren, Stoffe weben, Hütten bauen, Töpferwaren herstellen und all die vielen anderen Tätigkeiten, einschließlich der Konstruktion von Maschinen, Eisenbahnen, Flugzeugen und Wolkenkratzern? All das sind Tätigkeiten, die der Konstruktion, dem Aufbauen, dem Zusammenfügen und der Synthese dienen, und wenn man sie dem einen der beiden Urtriebe zuordnen wollte, so könnte man sich in der Tat auf den Standpunkt stellen, dass sie vom Eros und nicht vom Todestrieb motiviert sind.

---

14 Freud hat den Ausdruck »Sublimierung« im Allgemeinen nicht im Zusammenhang mit dem Todestrieb verwendet, doch scheint mir der Begriff, mit dem sich der folgende Abschnitt befasst, der gleiche zu sein, den Freud im Zusammenhang mit der Libido Sublimierung nennt. Der Begriff der »Sublimierung« ist aber fragwürdig, selbst wenn Freud ihn auf die Sexualtriebe, und besonders auf die prägenitalen, anwendet. Ein populäres Beispiel im Sinne der älteren Theorie ist der Chirurg, der sich der sublimierten Energie seines Sadismus bedient. Aber trifft das wirklich zu? Schließlich schneidet ein Chirurg nicht nur; er repariert auch, und es ist wahrscheinlicher, dass gerade die besten Chirurgen nicht von ihrem sublimierten Sadismus, sondern von vielen anderen Faktoren motiviert sind, zum Beispiel, dass sie geschickte Hände haben, dass sie vom Wunsch beseelt sind, durch direktes Eingreifen zu heilen, dass sie die Begabung zu schnellen Entschlüssen besitzen usw.

Eventuell mit Ausnahme des Tötens von Tieren zum Verzehr und des Tötens von Menschen im Kriege, wovon angenommen werden könnte, dass beides in der Destruktivität verwurzelt ist, ist die materielle Produktion nicht destruktiv, sondern konstruktiv.

In seiner Antwort auf Albert Einsteins Brief zum Thema *Warum Krieg?* macht Freud noch einen weiteren Versuch, die Schärfe seiner Alternative zu mildern. Aber nicht einmal bei dieser Gelegenheit, als er sich mit der Frage über die psychologischen Ursachen des Krieges konfrontiert sah, die ihm einer der größten Wissenschaftler und Humanisten unseres Jahrhunderts gestellt hatte, versuchte Freud, die Schärfe seiner früheren Alternativen zu verbergen oder abzuschwächen. Mit größter Klarheit schrieb er:

> Mit etwas Aufwand von Spekulation sind wir nämlich zu der Auffassung gelangt, dass dieser Trieb innerhalb jedes lebenden Wesens arbeitet und dann das Bestreben hat, es zum Zerfall zu bringen, das Leben zum Zustand der unbelebten Materie zurückzuführen. Er verdiente in allem Ernst den Namen eines Todestriebes, während die erotischen Triebe die Bestrebungen zum Leben repräsentieren. Der Todestrieb wird zum Destruktionstrieb, indem er mit Hilfe besonderer Organe nach außen, gegen die Objekte, gewendet wird. *Das Lebewesen bewahrt sozusagen sein eigenes Leben dadurch, dass es fremdes zerstört*. Ein Anteil des Todestriebes verbleibt aber im Innern des Lebewesens tätig, und wir haben versucht, eine ganze Anzahl von normalen und pathologischen Phänomenen von dieser Verinnerlichung des Destruktionstriebes abzuleiten. Wir haben sogar die Ketzerei begangen, die Entstehung unseres Gewissens durch eine solche Wendung der Aggression nach innen zu erklären. Sie merken, es ist gar nicht so unbedenklich, wenn sich dieser Vorgang in allzu großem Ausmaß vollzieht, es ist direkt ungesund, während die Wendung dieser Triebkräfte zur Destruktion in der Außenwelt das Lebewesen entlastet, wohltuend wirken muss. *Das diene zur biologischen Entschuldigung all der hässlichen und gefährlichen Strebungen, gegen die wir ankämpfen. Man muss zugeben,*

> *sie sind der Natur näher als unser Widerstand dagegen, für den wir auch noch eine Erklärung finden müssen.* (S. Freud, 1933b, S. 22; Hervorhebungen E. F.)

Nach dieser sehr klaren und kompromisslosen Feststellung, die seine früher geäußerten Ansichten über den Todestrieb noch einmal zusammenfasst, meint Freud, er könne den Geschichten über jene glücklichen Gegenden der Erde, wo es Völkerstämme geben soll, »bei denen Zwang und Aggression unbekannt sind«, kaum Glauben schenken; doch sucht er gegen Ende seines Briefes zu einer weniger pessimistischen Lösung zu kommen, als der Anfang vorausahnen ließ. Seine Hoffnung gründet sich auf mehrere Möglichkeiten. Er schreibt:

> Wenn die Bereitwilligkeit zum Krieg ein Ausfluss des Destruktionstriebs ist, so liegt es nahe, gegen sie den Gegenspieler dieses Triebes, den Eros, anzurufen. Alles, was Gefühlsbindungen unter den Menschen herstellt, muss dem Krieg entgegenwirken. (S. Freud, 1933b, S. 23.)

Es ist bemerkenswert und ergreifend, wie Freud, der Humanist und der »Pazifist«, wie er sich selbst nennt, hier fast krampfhaft versucht, den logischen Konsequenzen seiner eigenen Prämissen zu entrinnen. Wenn der Todestrieb so mächtig und fundamental ist, wie Freud immer wieder behauptet, wie kann er dann dadurch beträchtlich reduziert werden, dass der Eros mit ins Spiel gebracht wird, wenn doch beide in jeder Zelle vorhanden sind und eine nicht reduzierbare Eigenschaft der lebenden Materie darstellen?

Freuds zweites Argument zugunsten des Friedens ist von noch fundamentalerer Bedeutung. Gegen Ende seines Briefes an Einstein schreibt er:

> Den psychischen Einstellungen, die uns der Kulturprozess aufnötigt, widerspricht nun der Krieg in der grellsten Weise, darum müssen

> wir uns gegen ihn empören, wir vertragen ihn einfach nicht mehr, es ist nicht bloß eine intellektuelle und affektive Ablehnung, es ist bei uns Pazifisten eine konstitutionelle Intoleranz, eine Idiosynkrasie gleichsam in äußerster Vergrößerung. Und zwar scheint es, dass die ästhetischen Erniedrigungen des Krieges nicht viel weniger Anteil an unserer Auflehnung haben als seine Grausamkeiten. Wie lange müssen wir nun warten, bis auch die anderen Pazifisten werden? Es ist nicht zu sagen ... (S. Freud, 1933b, S. 26.)

Gegen Ende dieses Briefes kommt Freud auch noch auf einen Gedanken zu sprechen, den man gelegentlich in seinem Werk findet. Er spricht von der Kulturentwicklung als von einem *»organischen Prozess«*, der mit *»körperlichen Veränderungen«* einhergehe und der zu *»einer fortschreitenden Verschiebung der Triebziele und Einschränkung der Triebregungen«* führe (S. Freud, 1933b, S. 26).

Freud hat diese Ansicht bereits viel früher in seinen *Drei Abhandlungen zur Sexualtheorie* (1905d) geäußert, wo er von dem scharfen Konflikt zwischen Trieb und Kultur spricht:

> Man gewinnt beim Kulturkinde den Eindruck, dass der Aufbau dieser Dämme ein Werk der Erziehung ist, und sicherlich tut die Erziehung viel dazu. In Wirklichkeit ist diese Entwicklung eine *organisch bedingte*, hereditär fixierte und kann sich gelegentlich ganz ohne Mithilfe der Erziehung herstellen. (S. Freud, 1905d, S. 78; Hervorhebung E. F.)

In *Das Unbehagen in der Kultur* setzt Freud diese Gedankengänge fort, wenn er von einer »organischen Verdrängung« (S. Freud, 1930a, S. 458 f.) zum Beispiel im Zusammenhang mit dem Tabu spricht, womit die Menstruation und der anale Erotismus belegt seien, was der Zivilisation den Weg ebne. Bereits 1897 bringt er in einem Brief an Fließ den Gedanken zum Ausdruck, »dass bei der Verdrängung etwas Organisches mitwirkt« (S. Freud, 1950a, S. 246).

Die verschiedenen hier zitierten Stellen zeigen, dass Freuds Vertrauen auf eine »konstitutionelle« Intoleranz gegen den Krieg nicht nur den Versuch darstellte, über die tragische Perspektive seiner Auffassung vom Todestrieb anlässlich seiner Diskussion mit Einstein sozusagen *ad hoc* hinauszugelangen, sondern dass es auch mit Gedankengängen übereinstimmte, die bei Freud zwar nie die dominierenden waren, aber doch seit 1897 im Hintergrund seines Denkens vorhanden waren.

Wenn Freuds Annahme richtig wäre, dass die Kultur »konstitutionelle« und hereditäre Verdrängungen erzeugt, das heißt, dass im Kulturprozess gewisse triebhafte Bedürfnisse tatsächlich geschwächt werden, dann hätte er in der Tat einen Ausweg aus dem Dilemma gefunden. Dann würde der zivilisierte Mensch nicht im gleichen Maße wie der Primitive von gewissen triebhaften Bedürfnissen getrieben, die im Widerspruch zur Kultur stehen. Der Zerstörungstrieb hätte dann beim zivilisierten Menschen nicht die gleiche Intensität und Macht wie beim Primitiven. Diese Gedankengänge würden auch zu der Spekulation führen, dass sich während des Zivilisationsprozesses gewisse Hemmungen gegen das Töten aufgebaut haben könnten und hereditär fixiert worden wären. Aber auch wenn man ganz allgemein derartige Erbfaktoren entdecken könnte, wäre es äußerst schwierig, ihre Existenz mit dem Todestrieb in Einklang zu bringen.

Nach Freuds Auffassung vom Todestrieb handelt es sich bei diesem um eine aller lebenden Substanz innewohnende Tendenz. Es scheint mir nun aber eine theoretisch äußerst schwierig zu vertretende Annahme zu sein, dass diese fundamentale biologische Kraft im Entwicklungsprozess der Zivilisation geschwächt werden konnte. Mit der gleichen Logik könnte man annehmen, dass auch der Eros ständig konstitutionell geschwächt worden wäre, und eine solche Annahme würde zu der allgemeineren Annahme führen, dass die lebende Substanz ihrem Wesen nach durch den Zivilisationsprozess mit Hilfe einer »organischen« Verdrängung geändert werden könnte. (Gegen Freuds Vermutung spricht vor allem die Tatsache, dass der prähistorische Mensch nicht mehr, sondern weniger aggressiv war als der Kulturmensch.)

Wie dem auch sei, die zu diesem Problemkreis gehörenden Tatsachen festzustellen, dürfte heute einen der wichtigsten Forschungsgegenstände darstellen. Gibt es tatsächlich genügend Material, das dafür spricht, dass im Laufe der Kulturentwicklung eine konstitutionelle, organische Verdrängung gewisser Triebbedürfnisse stattgefunden hat? Unterscheidet sich diese Verdrängung von der Verdrängung im üblichen Sinne Freuds insofern, als sie die Triebbedürfnisse schwächt, anstatt sie aus dem Bewusstsein zu entfernen oder auf andere Ziele abzulenken? Und – noch spezieller gesagt – sind die destruktiven Impulse des Menschen im Laufe seiner Geschichte tatsächlich schwächer geworden oder haben sich hemmende Impulse entwickelt, die jetzt erblich fixiert sind? Um eine Antwort auf diese Fragen zu finden, wären ausgedehnte Untersuchungen besonders auf dem Gebiet der Anthropologie, der Sozialpsychologie und der Genetik notwendig.

Vielleicht sollte man zur Erklärung der merkwürdigen Selbsttäuschung Freuds über die Gültigkeit seiner Vorstellung vom Todestrieb noch ein weiteres Element heranziehen. Jeder, der Freuds Werk sorgfältig studiert, wird merken, wie tastend und vorsichtig er mit neuen theoretischen Konstruktionen umging, wenn er sie zum ersten Mal vorbrachte. Er erhob dann keinerlei Anspruch auf ihre Gültigkeit und sprach manchmal fast abschätzig über ihren Wert. Aber die mehr hypothetischen Konstrukte verwandelten sich im Laufe der Zeit in Theorien, auf die er neue Konstruktionen und Theorien aufbaute. Freud, der Theoretiker, war sich der zweifelhaften Gültigkeit vieler seiner Konstrukte sehr wohl bewusst. Aber warum vergaß er dann diese ursprünglichen Zweifel? Diese Frage ist schwer zu beantworten; vielleicht ist seine Rolle als Führer der Psychoanalytischen Bewegung eine mögliche Erklärung dafür. (Vgl. *Sigmund Freud. Seine Persönlichkeit und Wirkung*, 1959a, GA VIII, S. 200–206.) Diejenigen unter seinen Studenten, die es wagten, grundsätzliche Aspekte seiner Theorien zu kritisieren, verließen ihn, oder sie wurden auf die eine oder andere Art hinausgedrängt. Diejenigen, aus denen sich die Bewegung aufbaute, waren – was ihre theoretischen Fähigkeiten betraf – prosaisch und nüchtern, und es wäre ihnen schwergefallen, Freud zu folgen, wenn er grundsätzliche Veränderungen an seiner Theorie vorgenommen hätte. Sie brauchten ein Dogma, an das sie glaubten und um das herum sie die Bewegung organisieren konnten. (Dies geht aus der Reaktion der meisten Freudianer auf den Todestrieb hervor. Sie sahen sich nicht in der Lage, sich dieser neuen, tiefsinnigen Spekulation anzuschließen, und fanden einen Ausweg, indem sie Freuds Ideen über die Aggression im Sinne der alten Triebtheorie formulierten.) So wurde Freud, der Wissenschaftler, bis zu einem gewissen Grad der Gefangene von Freud, dem Führer der Bewegung; oder anders gesagt, Freud, der Lehrer, wurde zum Gefangenen seiner treuen, aber unschöpferischen Schüler.

5. Warum hat sich die Psychoanalyse von einer radikalen Theorie zu einer Theorie der Anpassung gewandelt?

Während man Freud selbst nicht als einen »Radikalen« bezeichnen kann – auch nicht in der weitesten politischen Bedeutung des Wortes, denn er war tatsächlich ein typischer Liberaler mit stark konservativen Zügen –, so war seine *Theorie* zweifellos radikal. Ich meine nicht seine Theorie über die Sexualität oder seine metapsychologischen Spekulationen, sondern sein beharrliches Betonen der zentralen Rolle der Verdrängung und der fundamentalen Bedeutung des Unbewussten in unserem seelischen Leben. Diese Theorie war deshalb radikal, weil sie die letzte Festung des Glaubens an die Allmacht und Allwissenheit des Menschen und seine Überzeugung angriff, dass das bewusste Denken letztlich die Grundlage der menschlichen Erfahrung darstellte. Galilei hatte dem Menschen die Illusion genommen, dass seine Erde der Mittelpunkt der Welt sei. Darwin nahm ihm die Illusion, dass er von Gott geschaffen sei, aber niemand hatte bis jetzt noch in Frage gestellt, dass das bewusste Denken die Grundlage sei, auf die man sich verlassen könne. Freud hat dem Menschen den Stolz auf seine Rationalität genommen. Er ist an die Wurzeln gegangen, und das ist es ja, was »radikal« zu sein wörtlich bedeutet: Er hat entdeckt, dass ein großer Teil unseres bewussten Denkens unsere wirklichen Gedanken und Gefühle nur verschleiert und die Wahrheit verbirgt. Die meisten unserer bewussten Gedanken können geheuchelt sein, nichts als Rationalisierungen von Gedanken und Wünschen, die wir uns lieber nicht bewusstmachen wollen.

Freuds Entdeckung war potentiell revolutionär, und sie hätte dazu führen können, den Menschen die Augen zu öffnen für die Wirklichkeit der Gesellschaft, in der sie leben. Vielleicht wäre auf diese Weise der Wunsch geweckt worden, diese Gesellschaft entsprechend den Interessen und Wünschen der überwiegenden Mehrheit zu ändern. Aber obwohl Freuds Denken ein solch revolutionäres Potenzial enthielt, führte seine weitgehende Akzeptierung nicht zu einer Verwirklichung dieses Potenzials. Während die Hauptangriffe seiner Kollegen und der Öffentlichkeit sich gegen seine Ansichten zur Sexualität richteten, die gewisse Tabus der europäischen Mittelklasse des neunzehnten Jahrhunderts verletzten, hatte seine Entdeckung des Unbewussten keine revolutionären Konsequenzen. Tatsächlich ist dies nicht weiter verwunderlich. Wenn man direkt oder indirekt eine größere Toleranz in Bezug auf die Sexualität forderte, so ging das im wesentlichen konform mit anderen liberalen Anliegen, wie zum Beispiel einer größeren Toleranz gegenüber Verbrechern und einer liberaleren Einstellung zu Kindern und so weiter. Im Grunde lenkte die Konzentration auf die Sexualität von der Gesellschaftskritik ab und hatte daher zum Teil auch eine politisch-reaktionäre Wirkung. Wenn dem allgemeinen Unbehagen die Unfähigkeit zugrunde lag, die eigenen sexuellen Probleme zu lösen, dann war es nicht nötig, die wirtschaftlichen, gesellschaftlichen und politischen Faktoren, die einem vollen Wachstum des Individuums im Wege standen, einer kritischen Prüfung zu unterziehen. Ganz im Gegenteil, man konnte im politischen Radikalismus ein Zeichen für eine Neurose sehen, denn der liberale Bürger war für Freud und die meisten seiner Schüler das Musterbeispiel des gesunden Menschen. Man versuchte, den Radikalismus der Linken oder der Rechten als Auswirkung neurotischer Prozesse – etwa des Ödipuskomplexes – zu erklären, und ohne viele Bedenken wurde eine politische Überzeugung als »neurotisch« verdächtigt, wenn sie nicht der liberalen Mittelklasse entsprach.

Die meisten Psychoanalytiker kamen aus der gleichen städtischen intellektuellen Mittelschicht, der auch die meisten ihrer Patienten entstammten. Kaum mehr als eine Handvoll von Psychoanalytikern hatte radikale politische Ansichten. Der bekannteste unter ihnen war Wilhelm Reich, der glaubte, dass die Hemmung der Sexualität einen anti-revolutionären Charakter erzeuge und dass andererseits sexuelle Freiheit revolutionäre Charaktere hervorbringen würde.

Daher stellte er die Theorie auf, dass sexuelle Befreiung zu einer revolutionären Orientierung führe. Natürlich hatte Reich damit völlig unrecht, wie die spätere Entwicklung zeigte. Diese sexuelle Befreiung gehörte weitgehend zur immer stärkeren Ausdehnung der Konsumhaltung. Wenn man den Menschen beibrachte, mehr und mehr Geld auszugeben, anstatt, wie im neunzehnten Jahrhundert, mehr und mehr zu sparen – wenn man sie also in Konsumenten verwandelte, dann musste man auch den sexuellen Konsum nicht nur zulassen, sondern geradezu fördern. Er ist schließlich die einfachste und billigste Form des Konsums. Reich wurde dadurch irregeführt, dass zu seiner Zeit die Konservativen eine strenge sexuelle Moral vertraten und er daraus schloss, dass sexuelle Freiheit zu einer anti-konservativen, revolutionären Einstellung führen würde. Die historische Entwicklung hat aber gezeigt, dass die sexuelle Befreiung der Entwicklung der menschlichen Konsumhaltung diente und – wenn überhaupt – den politischen Radikalismus schwächte. Leider verstand und kannte Reich wenig von Marx. Man könnte ihn einen »sexuellen Anarchisten« nennen.

In noch einem weiteren Punkt ist Freud ganz ein Kind seiner Zeit. Er lebte in einer Gesellschaft, in der eine kleine Minderheit die meisten Reichen an sich zog und ihre Herrschaft mit Hilfe von Gewalt und Zensur verteidigte. Freud hielt diese Gesellschaftsstruktur für gegeben und stellte sich die Seele diesem Modell entsprechend vor: Das »Es« symbolisiert die ungebildete Masse, die durch das »Ich«, die gebildete und vernünftige Elite, beherrscht werden muss. Hätte Freud sich eine klassenlose und freie Gesellschaft vorstellen können, dann hätte er wohl auf »Ich« und »Es« als universale Kategorien der menschlichen Psyche verzichtet.

Meiner Meinung nach kann die Gefahr einer reaktionären Funktion der Psychoanalyse nur dadurch überwunden werden, dass man die unbewussten Faktoren in den politischen und religiösen Ideologien aufdeckt.[15] Bei seiner Interpretation der bürgerlichen Ideologie

15 Die Sowjetkommunisten haben an Freud kritisiert, er schenke den pathogenen gesellschaftlichen Faktoren zu wenig Aufmerksamkeit. Meiner Ansicht nach ist

hat Marx für die Gesellschaft im wesentlichen das geleistet, was Freud für das Individuum getan hat. Aber, was meist übersehen wird, Marx hat gleichzeitig eine eigene Psychologie entworfen, die Freuds Irrtum vermied und die die Grundlage einer gesellschaftlich orientierten Psychoanalyse bildet. Er hat unterschieden zwischen angeborenen Trieben wie Sexualität und Hunger und jenen Leidenschaften wie Ehrgeiz, Hass, Horten, Ausbeutung usw., welche durch die Lebenspraxis und letzten Endes durch die Produktivkräfte einer bestimmten Gesellschaft entstehen und sich daher im historischen Prozess wandeln können. (Vgl. *Die Frühschriften* von K. Marx, 1971.)

Das Eingebundensein der Psychoanalyse in die gesellschaftliche Situation und ihre Umwandlung aus einer radikalen in eine liberale Theorie der Anpassung war kaum zu vermeiden, und das nicht nur, weil die Therapeuten aus der bürgerlichen Mittelschicht stammten, sondern eben auch ihre Patienten. Die meisten Patienten wollten ja nicht menschlicher, freier und unabhängiger werden – denn das hätte ja bedeutet, dass sie kritischer und revolutionärer geworden wären –; sie wollten nur nicht noch mehr leiden als ein Durchschnittsmitglied ihrer Klasse. Sie wollten keine freien Menschen, sondern erfolgreiche Bürger werden, und sie wollten nicht den Preis der Radikalität zahlen. Denn das hätte bedeutet, nicht mehr in erster Linie *haben* zu wollen, sondern zu *sein*. Warum sollten sie das auch wollen? Sie sahen kaum einen wirklich glücklichen Menschen, sondern nur ein paar Leute, denen es gelungen war, mit ihrem Schicksal relativ zufrieden zu sein, besonders wenn sie erfolgreich waren und von anderen bewundert wurden. Diese waren ihr Vorbild, dem sie nachstrebten. Indem die Psychoanalytiker die Rolle

das nur eine bequeme Rationalisierung. In einem System, dem es vor allem darum geht zu verhindern, dass seine Bürger merken, wie dieses System in Wirklichkeit beschaffen ist, und das bestrebt ist, sie mit Hilfe einer Gehirnwäsche von ihren Illusionen zu befreien, richtet sich die Kritik an der Psychoanalyse in Wirklichkeit nicht dagegen, dass diese die gesellschaftlichen Faktoren zu wenig berücksichtigt, sondern gegen den radikalen Versuch, den Menschen zu helfen, die Realität hinter den Illusionen zu sehen.

eines Modells spielten, versprachen sie den Patienten, sie würden das auch erreichen, wenn sie nur lange genug redeten. Natürlich fühlten sich nicht wenige unter ihnen tatsächlich wohler, nachdem sie einen teilnehmenden Zuhörer gefunden hatten, ganz abgesehen davon, dass der Durchschnittsmensch im Laufe der Jahre aus Erfahrungen lernt und so sein Los verbessert – mit Ausnahme derer, die zu krank sind, um aus Erfahrungen lernen zu können.

Manche, die politisch naiv sind, meinen, wenn die Psychoanalyse eine radikale Theorie sei, dann müsste sie bei den Kommunisten und besonders in den sogenannten sozialistischen Ländern besonders populär sein. Tatsächlich hatte sie ja auch zu Anfang der Revolution eine gewisse Popularität genossen (Trotzki beispielsweise interessierte sich persönlich für die Psychoanalyse und besonders für die Theorie Adlers). Dies war jedoch nur der Fall, solange die Sowjetunion noch etwas von einem revolutionären System an sich hatte. Mit dem Aufkommen des Stalinismus und dem Kurswechsel von einer revolutionären zu einer durch und durch konservativen und reaktionären Gesellschaft, wie sie die Sowjetunion noch heute [1979] ist, musste es auch mit dem Ansehen, das die Psychoanalyse hatte, bergab gehen, bis sie ganz verschwand. Die Sowjets kritisieren an ihr, sie sei idealistisch, sie übersehe die ökonomischen und gesellschaftlichen Faktoren, sie sei bürgerlich etc., wobei ihre Kritik mehr oder weniger berechtigt ist. Aber diese Kritik von Seiten der Sowjet-Ideologen ist bloße Heuchelei. Was ihnen an der Psychoanalyse in Wirklichkeit missfällt, sind nicht diese Mängel, es ist ihre große Leistung, nämlich das kritische Denken und das Misstrauen gegen Ideologien. Leider hat die Psychoanalyse viel von ihrer Bedeutung als kritischem »Pfahl im Fleisch« eingebüßt. Sie interessierte sich hauptsächlich für das Schicksal des Einzelnen und in diesem Zusammenhang speziell für die frühe Kindheit und zog ihre Aufmerksamkeit von den sozio-ökonomischen Faktoren ab.

Die Psychoanalytiker sind im allgemeinen dem Trend des bürgerlichen Denkens gefolgt. Sie übernahmen dessen Philosophie und wurden zu Stützen für die praktischen Erfordernisse einer Konsumgesellschaft. Freuds Lehre wurde entgegen seinen eigenen Aussagen dahingehend entstellt, dass die Neurose die Folge eines Mangels an sexueller Befriedigung sei (verursacht durch Verdrängung) und dass deshalb die volle sexuelle Befriedigung eine Vorbedingung für psychische Gesundheit sei. Die Konsumhaltung siegte auf breiter Front!

Freuds Formulierungen hatten noch eine andere, sehr ernste Schwäche: die Zweideutigkeit des Begriffs »Wirklichkeit«. Wie die meisten Angehörigen seiner gesellschaftlichen Klasse, betrachtete auch Freud die kapitalistische Gesellschaft als höchste und entwickeltste Form der Gesellschaft überhaupt. Sie galt als die »Wirklichkeit«, während alle anderen Gesellschaftsstrukturen als primitiver oder als utopisch angesehen wurden. Heute glauben dies nur noch Meinungsmacher und Politiker, die sich ihrer eigenen Propaganda verpflichtet fühlen, oder sie geben vor, daran zu glauben. Eine wachsende Zahl von Menschen kommt zu der Überzeugung, dass die kapitalistische Gesellschaft nur eine von unzähligen Gesellschaftsstrukturen ist und dass sie weder mehr noch weniger »wirklich« ist als die Gesellschaftsstruktur zentralafrikanischer Stämme.

Freud war ein Genie, was seine gedanklichen Konstruktionen betrifft. Es mag deshalb nicht zu weit hergeholt sein, auf ihn das Wort zu prägen, dass »Gedankenkonstruktionen Wirklichkeit schaffen«. In dieser Hinsicht zeigt er eine Verwandtschaft mit zwei Quellen, mit denen er selbst nicht direkt vertraut war, mit dem Talmud und mit Hegels Philosophie.

Literatur

Ammacher, P., 1962: On the Significance of Freud's Neurological Background, in: *Psychological Issues*, Seattle (Univ. of Washington Press).

Benveniste, É., 1966: *Problèmes de Linguistique Général*, Paris 1966 (Ed. Gallimard); deutsch: *Probleme der allgemeinen Sprachwissenschaft*, München 1974 (List Verlag).

Büchner, L., 1855: *Kraft und Stoff. Empirisch-naturphilosophische Studien.* In allgemein-verständlicher Darstellung, Frankfurt am Main (Meidinger).

Fenichel, O., 1974: Die Kritik am Begriff des Todestriebes, in: *Psychoanalytische Neurosenlehre*, 3 Bände, Band I, S. 90–92, Olten und Freiburg (Walter Verlag).

Freud, S.: *Gesammelte Werke* (G. W.) (hier zitierte Ausgabe) Bände 1–17, London 1940–1952 (Imago Publishing Co.) und Frankfurt 1960 (S. Fischer Verlag); *The Standard Edition of the Complete Psychological Works of Sigmund Freud* (S. E.), Bände 1–24, London 1953–1974 (The Hogarth Press); *Sigmund Freud. Studienausgabe* (Stud.) Bände 1–10. Ergänzungsband (Erg.), Frankfurt 1969–1975 (S. Fischer Verlag).

– 1884e: Über Coca, in: *Zentralblatt für die gesammte Therapie*, Wien (Verlag Moritz Perles), Band 2, S. 289.

– 1897: *Brief an Fließ vom 14. 11. 1897*, in: S. Freud, *Aus den Anfängen der Psychoanalyse*, London (Imago Publishing Co.) 1950, S. 244–249.

– 1898b: *Zum psychologischen Mechanismus der Vergesslichkeit*, G. W. Band 1, S. 517–527; S. E. Band 3, S. 287–297.

– 1899a: *Über Deckerinnerungen*, G. W. Band 1, S. 529–554; S. E. Band 3, S. 301–322.

– 1900a: *Die Traumdeutung.* G. W. Band 2 und 3; Stud. Band 2; S. E. Band 4 und 5.

– 1901b: *Zur Psychopathologie des Alltagslebens*, G. W. Band 4, S. 5–310; S. E. Band 6, S. 1–279.

– 1905d: *Drei Abhandlungen zur Sexualtheorie*, G. W. Band 5, S. 27–145; Stud. Band 5, S. 37–145; S. E. Band 7, S. 123–243.

– 1905e: *Bruchstücke einer Hysterie-Analyse*, GW 5, S. 161–286; S. E. 7, S. 1–122; Stud. 6, S. 83–186.

– 1908b: *Charakter und Analerotik*, G. W. Band 7, S. 201–209; Stud. Band 7, S. 23–30; S. E. Band 9, S. 167–175.

– 1908d: Die *»kulturelle« Sexualmoral und die moderne Nervosität*, G. W. Band 7, S. 141–167; Stud. Band 9, S. 9–32; S. E. Band 9, S. 177–204.

– 1914c: *Zur Einführung des Narzissmus*, G. W. Band 10, S. 137–170.

– 1916–17: *Vorlesungen zur Einführung in die Psychoanalyse*, G. W. Band 11.

– 1918b: *Aus der Geschichte einer infantilen Neurose*, GW 12, S. 27–157; S. E. 17, S. 1–122; Stud. 8, S. 125–232.

– 1920g: *Jenseits des Lustprinzips*, G. W. Band 13, S. 1–69; S. E. Band 18, S. 1–64; Stud. Band 3, S. 213–272.

– 1921c: *Massenpsychologie und Ich-Analyse*, G. W. Band 13, S. 71–161; Stud. Band 9, S. 61–134; S. E. Band 18, S. 65–143.

– 1923b: *Das Ich und das Es*, G. W. Band 13, S. 235–289; Stud. Band 3, S. 273–330; S. E. Band 19, S. 1–66.

– 1924c: *Das ökonomische Problem des Masochismus*, G. W. Band 13, S. 369–383;

– 1924d: *Der Untergang des Ödipuskomplexes*, G. W. Band 13, S. 393–402; Stud. Band 5, S. 243–251; S. E. Band 19, S. 171–179.

- 1925e: *Die Widerstände gegen die Psychoanalyse*, G. W. Band 14, S. 99–110;
- 1930a: *Das Unbehagen in der Kultur*, G. W. Band 14, S. 419–506; Stud. Band 9, S. 191–270; S. E. Band 21, S. 57–145.
- 1933a: *Neue Folge der Vorlesungen zur Einführung in die Psychoanalyse*, G. W. Band 15; Stud. Band 1, S. 447–608; S. E. Band 22, S. 1–182.
- 1933b: *Warum Krieg?*, G. W. Band 16, S. 11–27; S. E. Band 22, S. 195–215; Stud. Band 9, S. 271–286.
- 1937c: *Die endliche und die unendliche Analyse*, G. W. Band 16, S. 57–99; Stud. Ergänzungsband, S. 351–392; S. E. Band 23, S. 209–253.
- 1940a: *Abriss der Psychoanalyse*, G. W. Band 17, S. 63–138; S. E. Band 23, S. 139–207; Stud. Erg. S. 407–421.
- 1950a: *Aus den Anfängen der Psychoanalyse*, London (Imago Publishing Co.).
- 1960: *Briefe 1873–1939*, ausgewählt und hg. von Ernst L. Freud, Frankfurt (S. Fischer).

Fromm, E., *Gesamtausgabe in 12 Bänden* (GA), hg. von Rainer Funk, Stuttgart / München 1999, Deutsche Verlags-Anstalt und Deutscher Taschenbuch Verlag; als E-Book 2016 bei OPEN PUBLISHING, München.

- 1932a: *Über Methode und Aufgabe einer Analytischen Sozialpsychologie: Bemerkungen über Psychoanalyse und historischen Materialismus*, GA I, S. 37–57.
- 1941a: *Die Furcht vor der Freiheit*, GA I, S. 215–392.
- 1951a: *Märchen, Mythen, Träume. Eine Einführung in das Verständnis einer vergessenen Sprache*, GA IX, S. 169–309.
- 1955a: *Wege aus einer kranken Gesellschaft*, GA IV, S. 1–254.
- 1959a: *Sigmund Freud. Seine Persönlichkeit und seine Wirkung*, GA VIII, S. 153–221, Einzelausgabe Psychosozial-Verlag 2019.

– 1968h: Marx' Beitrag zum Wissen vom Menschen, GA V, S. 421–432.

– 1973a: *Anatomie der menschlichen Destruktivität*, GA VII.

– 1976a: *Haben oder Sein*, GA Il, S. 269–414.

Galton, F., 1907: *Inquiries into Human Faculty and its Development*, London (Dent and Sons).

Gardiner, M. (Hg.), 1971: *The Wolf-Man*, New York (Basic Books); deutsch: *Der Wolfsmann.* Mit der Krankengeschichte des Wolfsmanns von Sigmund Freud, dem Nachtrag von Ruth Mack Brunswick, einer Einleitung und zusätzlichen Kapiteln versehen von Muriel Gardiner (Hg.), Frankfurt (S. Fischer Verlag) 1972.

Holt, R. R., 1965: A Review of Some of Freud's Biological Assumptions and Their Influence on His Theories, in: N. S. Greenfield und W. C. Lewis (Hg.), *Psychoanalysis and Current Biological Thought*, Madison/Milwaukee (Univ. of Wisconsin Press) 1965, S. 93–124.

Jones, E., 1960–1962: *Das Leben und Werk von Sigmund Freud*, Band 1–3, Bern/Stuttgart (Huber Verlag) 1960–1962.

Marx, K., 1971: *Die Frühschriften*, hg. von Siegfried Landshut (= Kröners Taschenausgabe 209), Stuttgart (Verlag Kröner).

Pratt, J., 1958: Epilegomena to the Study of Freudian Instinct Theory, in: *The International Journal of Psychoanalysis*, London Band 39, S. 17 ff.

Robert, C., 1915: *Ödipus*, Berlin (Weidmannsche Buchhandlung).

Schachtel, E. G., 1947: Memory and Childhood Amnesia, in: *Psychiatry*, Washington, Band 10, Nr. 1.

Schneidewin, F. W., 1852: *Die Sage vom Ödipus*, Göttingen (Dieterich Verlag).

Sophokles, 1957: *Die Tragödien*, übersetzt und eingeleitet von Heinrich Weinstock, Stuttgart (Kröner Verlag).

Sophokles, 1974: *Antigone*, übertragen, hg. und eingeleitet von Wolfgang Schadewaldt, Frankfurt (Suhrkamp Verlag).